디모데가 디모데에게

디모데가
디모데에게

| 양 디모데 선교사 지음

Generation Impact: 2천 년 전 순교자의 정신으로
MZ세대와 Z세대를 일으키다

좋은땅

책 머리말

"내가 달려갈 길과 주 예수께 받은 사명 곧 하나님의 복음을 증거하는 일을 마치고 나서…"

(사도 바울, 디모데후서 4:7)

세계를 가로지르며 한 사람을 세우는 일.

사도 바울이 자신보다 어린 디모데에게 남긴 이 짧은 고백은, 오늘날 우리 모두의 마음에도 울림을 줍니다.

강한 영성은 탁월한 지성을 이끌었고, 그 지성은 다시 창조를 향한 경이와 탐구로 이어졌습니다.

저는 미생물의 특성 분석을 통한 창조 설계 탐구를 업으로 삼는 감염생물학자이자, 이스라엘과 중국을 교구로 삼아 복음을 전하는 선교사 - 양 디모데입니다.

이제 또다른 디모데, 이 시대 MZ세대 대학생 여러분께 제 인생의 교훈과 가르침을 전하고자 이 글을 펴냅니다.

이 책은 크게 세 부분으로 나뉩니다.

Part I·II 에서는 《디모데 전서》와 《디모데 후서》 속 핵심 메시지를 현대어로 풀어내고, 원어의 숨결을 따라 말씀을 '바르게 분별'하는 법을 제시합니다.

그리고 Part III 워크북에서는 '배우는 것'에 그치지 않고 스스로 삶 속에서 디모데의 정신을 체험할 수 있도록, 실제적 도구(워크시트·멘토링 가이드·디지털 디톡스 플랜·비전 보드 템플릿)를 제공합니다.

"나는 누구인가?", "어떻게 순교자의 믿음을 내 삶에 세울 것인가?"

여러분이 이 책을 덮을 때쯤, 머릿속 질문이 삶의 발걸음을 움직이는 확신으로 바뀌기를 소망합니다. 오늘날 우리는 **Generation Impact**의 주역으로 부름받았습니다. 사도 바울과 디모데의 영적 여정을 따라, 이 책이 여러분 한 사람 한 사람의 삶에 강력한 변화를 일으키는 '임팩트'를 만들기를 소망합니다.

바울이 디모데에게, 그리고 감염생물학자이자 선교사 양 디모데가 오늘의 디모데들(대한민국 MZ청년과 Z세대)에게 전하는 영적 여정에 동행해 주십시오.

2025년 가을
미주 총회신학대학원 목회학박사 양 디모데 선교사(D. Min),
한양대학교 첨단융합대학 바이오신약융합학부 양철수 교수(Ph.D.)

성경 권위와 본문 보존

1. 성경은 하나님의 말씀이다

"주 예수 그리스도께서 말씀하신 대로 마태복음 5장 18절과 요한복음 10장 35절, 또 사도 바울의 증언(갈라디아서 3:6, 디모데후서 3:16)을 따라, 성경은 '하나님의 말씀'입니다. 따라서 성경이 우리의 신앙과 행위에 있어서 '정확무오한 유일의 법칙'임을 고백하는 것은, 그리스도인의 신앙생활에서 가장 기본적이자 결정적인 진리입니다.

2. '감동된 성경'의 전통적 고백

웨스트민스터 신앙고백 제1장 8절에 따르면, "성경의 원본은 하나님의 감동으로 오류 없이 기록되었으며, 그 본문이 그의 독특한 배려와 섭리에 따라 모든 시대에 순수하게 보존되었다"고 선언합니다.

이 전통적 교회 견해는 우리가 신약성경 헬라어 비잔틴 본문(다수 사본 계열)을 '가장 순수하게 보존된 원본에 가깝다'고 믿는 근거가 됩니다.

3. 시대적 필요: 성경으로 돌아가기

오늘날처럼 다양한 사조와 운동이 난무하는 영적 혼란의 시대에, 우리는 다시 '오직 성경'으로 돌아가야 합니다.

- **교회와 개인의 유일 규범**

성경은 교회 교리와 정책뿐 아니라, 성도 개인의 매일의 삶과 예배, 기도, 나눔까지 모든 영역의 최종 권위입니다.

- **말씀의 기근 경고**

아무리 설교와 강해가 많아도, 그것이 성경 본문에서 벗어나면 '하나님의 말씀의 기근'이 올 수 있습니다(아모스 8:11). 현대 교회 안팎에 풍성해 보이는 담론 뒤에 오히려 '진리의 빛이 흐려지는 현상'이 일어나고 있음을 경계해야 합니다.

4. 간명한 해석과 적용의 제안

그러므로 오늘날 우리에게 필요한 성경 해석과 강해는,

1) 복잡한 말잔치가 아닌

성경 본문의 '바른 뜻'을
간결·명료하게 풀어내고

2) 실천 가능한 적용으로 마무리하는 것

입니다.

사실상 "성경책 한 권으로 충분하다"는 고백처럼,

- 주석과 강해는 '작은 참고서'로만 사용하고,
- 성령님의 인도하심 아래 성경을 직접 읽고 묵상하며
- 스스로 질문하고 적용해 나가는 훈련이야말로

그리스도인의 영적 성장과 교회의 건강을 보장하는 길입니다.

내용 목차

Part I 디모데 전서

제1장	"가짜 교훈은 그만!"	· 14
제2장	"기도로 시작, 선행으로 이어 가기"	· 26
제3장	"리더 자격, 이 정도는 알고 가자"	· 36
제4장	"목사도 자기 관리가 필수!"	· 48
제5장	"교회 가족 돌봄 가이드"	· 60
제6장	"내가 가진 걸로 충분해"	· 69
제7장	요약 및 묵상 가이드	· 80

Part II 디모데 후서

제1장	"진리 수호 대작전"	· 88
제2장	"굿 워커로 레벨 업"	· 98
제3장	"어려운 시대, 살아남기"	· 111
제4장	"설교자의 미션 임파서블?"	· 122
제5장	요약 및 묵상 가이드	· 136

Part III 디모데 적용 워크북

제1장	내 안의 디모데 찾기: 영적 프로파일 워크시트	· 141
제2장	'디모데 메시지' 멘토링 체크리스트	· 143
제3장	7일 디지털 디톡스 & 영적 리프레시 플랜	· 147
제4장	나만의 비전 보드 템플릿	· 151

Part I

디모데전서

❖ 개관 ❖

사도 바울이 디모데에게 보낸 이 편지는, 단순한 옛날 기록이 아닙니다.

바울 자신이 "그리스도 예수의 사도"(1:1)임을 밝히며 시작하는 이 글은, 알렉산드리아의 클레멘트(《Stromata》 2. 11; 3. 6)와 터툴리안(《On Prescription against Heresies》 25)도 "진짜 바울의 글"이라고 증언한, 2천 년 전 초대교회의 '핫 이슈'였습니다.

- **언제 쓰였을까?**

기록상으로는 주후 65년 무렵으로 추정됩니다.

만약 바울이 62년에 로마 감옥에서 풀려난 뒤 에베소 근교에서 1년, 서바나에서 2년을 사역했다면, 마게도냐로 돌아가던 길에 이 편지를 썼다고 볼 수 있죠(딤전 1:3).

- **왜 읽어야 할까?**

"목회서신"이라는 별명답게, 이 편지는 교회 리더(목사·전도자·사역자)를 위한 실전 매뉴얼입니다.

바울이 디모데에게 전하려 한 '목회 노하우'—즉 좋은 일꾼이 되는 법, 충실한 봉사자가 되는 법—이 알차게 담겨 있어요.

물론 교회 리더가 아니더라도, 모든 성도가 꼭 읽어야 할 보물 같은 진리와 팁들이 가득합니다.

시대를 뛰어넘어 오늘을 사는 우리에게도 그대로 적용되는 '삶의 꿀팁'을, 함께 발견해 보시죠!

디모데 전서의 각 장의 주요 내용은 다음과 같습니다.

제1장 "가짜 교훈은 그만!"
제2장 "기도로 시작, 선행으로 이어 가기"
제3장 "리더 자격, 이 정도는 알고 가자"
제4장 "목사도 자기 관리가 필수!"
제5장 "교회 가족 돌봄 가이드"
제6장 "내가 가진 걸로 충분해"
제7장 요약 및 묵상 가이드

"가짜 교훈은 그만!"

1-11절, 허황된 가르침 대신 본질을 붙들기

[1-2절] 우리 구주 하나님과 우리 소망이신 그리스도 예수의 명령을 따라 그리스도 예수의 사도된 바울은 믿음 안에서 참 아들된 디모데에게 편지하노니 하나님 아버지와 그리스도 예수 우리 주께로부터 은혜와 긍휼과 평강(평안)이 네게 있을지어다.

바울은 디모데에게 보내는 편지의 문을 열면서 자신이 "그리스도 예수의 사도로 부름받았다"는 정체성을 분명히 밝힙니다. 그리고 곧바로 "하나님 아버지와 우리 주 예수 그리스도로부터 은혜와 자비와 평안이 네게 넘치길 바란다"는 진심 어린 축복을 전하죠. 이 인사는 단순한 예식적 인사가 아니라, '우리의 유일한 구원자'라는 의미를 담고 있습니다. 이사야가 "나 외에 구원자는 없다"(사 43:11)고 선언했듯, 바울 역시 구원의 주체는 오직 하나님 한 분뿐임을 강조하고 있는 것입니다.

이어 바울은 모든 인간적 대안—부와 권력, 인간관계—이 결국 허망하다는 점을 짚습니다. 시편 기자처럼 "사람을 지나치게 의지하지 마라, 그들도 흙으로 돌아간다"(시 146:3-4)는 경고를 되새기고, 에스겔이 "금이나 은이 결코 우리를 구원하지 못한다"(겔 7:19)고 단언한 말씀을 상기시킵니다. 이러한 성경 인용을 통해 우리는 "그 어떤 힘도, 그 어떤 재물도 궁극적 구원은 될 수 없다"는 진리를 깨닫게 됩니다.

바울이 예수님을 "우리 소망이신 그리스도 예수"라 부른 이유도 분명합니다. 십자가에서 죽으시고 부활하신 예수님은 하늘에 올라가셨다가 다시 오실 것을 약속하셨습니다(딛 2:13). 그 약속은 의인에게 영광스러운 몸의 변화를, 악인에게는 공의의 심판을 예고하죠. 따라서 우리 삶의 최종 목적지는 이 확실한 소망 위에 세워져야 한다는 점을 바울은 강조합니다.

또 바울은 자신을 "하나님과 예수님의 명령에 즉시 순종한 사도"라고 소개합니다. 이사야가 환상 중 "나를 보내소서"라고 응답했듯(사 6:8), 베드로가 "나를 따르라"는 부르심에 즉시 그물을 버리고 따랐던 것처럼(마 4:19-20), 우리 역시 부르심 앞에서 머뭇거릴 이유가 없다는 메시지를 전하고 있는 셈입니다.

마지막으로, 바울은 디모데를 "믿음 안에서 참 아들"이라고 부르며 혈연을 넘어선 깊은 영적 가족관계를 확인합니다. 예수님이 "하나님의 뜻을 행하는 이가 내 형제자매"라고 하신 것처럼(막 3:35), 교회는 서로의 기쁨과 아픔을 나누며 함께 성장하는 영적 공동체임을 일깨워 줍니다.

이 모든 말씀 위에 바울이 건넨 "은혜와 자비와 평안"의 축복은, 우리 각자의 삶에도 고스란히 적용됩니다. 우리는 매일의 부족함을 하나님의 자비로 덮고, 내면의 평안을 그분으로부터 공급받으며 걸어가야 합니다. 가짜 교훈과 허황된 약속이 아닌, 이 진짜 메시지를 붙들 때에야 비로소 흔들리지 않는 참된 신앙의 여정이 시작될 것입니다.

[3-4절] 내가 마게도냐로 갈 때에 너를 권하여 에베소에 머물라 한 것은 어떤 사람들을 명하여 다른 교훈을 가르치지 말며 신화와 끝없는 족보에 착념치 말게 하려 함이라. 이런 것은 믿음 안에 있는 하나님의 경륜(오이코노미아 οἰκονομία)[경영, 섭리, 뜻]을 이룸보다 도리어 변론을 내는 것이라.

바울이 디모데에게 에베소에 머물도록 명한 이유는 분명했습니다. "내가 마게도냐로 떠날 때 너에게 부탁한 것은" 그가 말했죠, "교회 안에서 다른 교훈을 퍼뜨리거나 허구적인 이야기와 끝없는 족보 논쟁에 빠지지 못하도록 하기 위해서"였습니다(딤전 1:3-4).

사도 바울이 특히 경계한 '다른 교훈'이란, 성경 진리 바깥에서 흘러나오는 모든 잘못된 가르침을 가리킵니다. 당시에 일부 사람들은 교사라는 이름 아래 엉뚱한 이야기들을 전달하며 성도들의 마음을 분산시켰습니다. 바울은 이들을 "참된 교훈을 전하지 않는 사람들"로 규정하고, 교회가 혼란에 빠지지 않도록 엄중히 제지해야 한다고 본 것입니다.

그는 "신화와 족보 이야기에 빠지는 것"을 더 큰 문제로 보았습니다. 여기서 신화는 '사실이 아닌 지어낸 전설'을, 족보는 '육신적 혈통 계보'를 의미합니다. 물론 족보가 가문의 전통과 유산을 잇는 데 중요할 수는 있지만, 진리의 계승과 보존을 책임지지는 못합니다. 바울은 "하나님의 경륜(오이코노미아 οἰκονομία)이 이루어지는 것보다, 이런 말장난들이 오히려 논쟁만 일으킨다"고 단언했습니다.

"하나님의 경륜"이란 죄인들을 향한 구원의 뜻을 일컫습니다. 이 구원의 계획은 믿음으로 시작되어 믿음으로 완성됩니다. 예수 그리스도를 믿음으로 죄 용서와 새 생명을 받은 성도는, 계속해서 그 믿음 안에서 성화의 길을 걸어야 합니다. 바른 교훈은 우리를 이 믿음 위에 굳건히 세워 주지만, 엉뚱한 신화와 족보 논쟁은 말만 많을 뿐 영적 성장에 아무 도움이 되지 않습니다.

결국, 참된 교회의 표지는 '가르침의 통일성'에 있습니다. 2천 년 교회 역사의 정통적 믿음과 성경의 권위 아래, 우리는 단 하나의 규범—신구약 성경—에만 의지해야 합니다. 그 안에서만 진리의 계보가 이어지고, 진정한 사도적 가르침이 살아 숨쉬기 때문입니다.

[5-7절] 경계(파랑겔리아 παραγγελία)[명령(KJV, NIV), 교훈(NASB)]의 목적은 청결한 마음과 선한 양심과 거짓이 없는 믿음으로 나는 사랑이거늘 사람들이 이에서 벗어나 헛된 말에 빠져 율법의 선생이 되려 하나 자기의 말하는 것이나 자기의 확증하는 것도 깨닫지 못하는도다.

바울은 5-7절에서 올바른 교훈(파랑겔리아 παραγγελία)의 진짜 목적을 분명히 밝힙니다. 그는 바른 가르침이 먼저 **깨끗한 마음**을 낳아야 한다고 말합니다. 이는 회개와 죄 씻음을 통해 유지되는 내면의 순결함입니다. 그 다음으로 **선한 양심**—진심과 순종 위에서 형성된 도덕적 분별력—이 갖춰져야 하며, 이어서 **거짓 없는 믿음**—겉치레가 아닌 진심으로 시작된 신뢰—이 자리 잡아야 합니다. 이 세 가지가 조화를 이루면 마침내 **참된 사랑**이 자연스레 흘러나옵니다. 반면, 일부 사람들은 이런 핵심을 외면한 채 헛된 말과 족보 논쟁에 빠져 스스로도 자신이 무슨 말을, 무엇을 확신하는지 깨닫지 못하는 어리석음을 드러냈습니다. 바울이 "이런 논쟁은 하나님의 뜻을 이루기보다 말장난만 늘릴 뿐"이라고 단언한 이유가 바로 여기에 있습니다.

[8-11절] 그러나 사람이 율법을 법 있게 쓰면[정당하게 사용하면] 율법은 선한 것인 줄 우리는 아노라. 알 것은 이것이니 법은 옳은 사람을 위하여 세운 것이 아니요 오직 불법한 자와 복종치 아니하는 자며 경건치 아니한 자와 죄인이며 거룩하지 아니한 자와 망령된(베벨로스 βέβηλοι(단수의 주격일 때) ς(복수의 주격일 때)[속된](profane)(KJV, NASB) **자며 아비를 치는 자**(파트롤로아이스 πατρολώας)[아비를 죽이는 자](patricide)**와 어미를 치는 자**(메트롤로아스 μετρολογία)[어미를 죽이는 자](matricide)**며 살인하는 자**(안스로포크토노스 ἀνθρωποκτόνος)(murderer)**며 음행하는 자며 남색하는 자**(아르세노코이타이 ἀρσενοκοῖται) [동성애자](sodomy)**며 사람을 탈취하는 자**(안드라포디스타이스 ανδραποδιστής)[인신매매자](human trafficker)**며 거짓말하는 자며 거짓 맹세하는 자와 기타 바른 [건전한] 교훈을 거스리는[거스르는] 자를 위함이니 이 교훈은 내게 맡기신 바 복되신 하나님의 영광의 복음을 좇음이니라.**

바울은 "사람이 율법을 올바르게 적용할 줄 알면 율법은 선한 것"이라고 말합니다(딤전 1:8). 그러나 곧 "율법은 의인을 위해 주어진 것이 아니라, 불법을 행하는 자와 하나님께 복종치 않는 자, 경건하지 못한 자와 죄인, 거룩함을 잃은 자와 세속적인 자(베벨로스 βέβηλοι), 부모를 해치는 자(파트롤로아이스·메트롤로아스 πατρολογία·μετρολογία), 살인자, 음행자, 동성애자, 인신매매자, 거짓말쟁이, 거짓 맹세하는 자, 그리고 건전한 교훈을 거스르는 자들"(딤전 1:9-10)에게 그들의 죄를 드러내기 위해 주어졌다고 강조합니다. 바울이 열거한 이 열다섯 가지 범죄 유형은, 율법이 우리로 하여금 자신의 부패함을 깨닫고 "죄를 깨닫게 하려"(롬 3:20)는 목적을 분명히 보여 줍니다.

그렇다고 율법이 구원의 도구는 아닙니다. 바른 교훈, 즉 "하나님의 아들 예수 그리스도의 십자가 속죄를 믿음으로 구원 얻는 진리"만이 참된 구원의 길입니다. 잘못된 율법 교사들이 율법을 복음과 상반되게 해석·적용할 때 교회는 혼란에 빠지지만, 율법은 여전히 의의 기준이자 우리 부족을 깨닫게 하는 거울로서 가치가 있습니다. 우리의 구원은 "예수 그리스도의 완전한 십자가의"(롬 3:24-25)를 통해 주어졌고, 성화는 "성령을 따라"(롬 7:6; 8:4, 13-14) 이루어집니다.

결국 율법은 죄를 드러내는 거울이지만, 그 너머에 있는 복음—곧 하나님의 영광을 드러내는 복된 소식—으로 우리를 인도하는 역할을 합니다 (딤전 1:11).

본문의 교훈을 정리해 보면,

1. 은혜·긍휼·평강의 축복(1:2)

"하나님 아버지와 그리스도 예수 우리 주께로부터 은혜와 긍휼과 평강이 네게 있을지어다."

- 우리는 하나님의 은혜와 긍휼로 예수님을 믿어 구원을 받고, 그 평안을 누립니다.
- 이 축복은 구원의 확신과 소망을 견고히 세워 주며, 고난 속에서도 마음의 평안을 지키게 합니다.

2. 다른 교훈 경계(1:3-4)

"다른 교훈을 가르치지 말며 신화와 끝없는 족보에 빠지지 말라."

- 바른 교훈은 사도들이 전한 복음—죄인을 위한 예수 그리스도의 대속—입니다.

- 신화나 족보 논쟁 같은 불필요한 말장난은 교회를 혼란에 빠뜨리므로 삼가야 합니다.

3. 경건의 열매(1:5)
"경계의 목적은 청결한 마음과 선한 양심과 거짓 없는 믿음에서 난 사랑."
- 깨끗해진 마음(회개)·선한 양심(도덕적 분별)·진실한 믿음이 함께할 때,
- 하나님과 이웃을 향한 참된 사랑이 자연스럽게 흘러나옵니다.

4. 율법의 역할(1:8-11)
"율법은 올바르게 쓰이면 선하나, 의인을 위한 것이 아니라 죄인을 드러내고 복음으로 인도하기 위해 주어졌다."
- "불법한 자와 복종치 않는 자, 음행자, 살인자, 거짓말쟁이 등"(1:9-10)
- 율법은 우리 죄를 깨닫게 하지만, 구원 자체는 오직 예수 그리스도의 십자가 사역과 성령의 사역을 통해 이루어집니다.

12-20절, 감사와 찬송과 당부

[12-14절] 나를 능하게 하신 그리스도 예수 우리 주께 내가 감사함은 나를 충성되이 여겨 내게 직분을 맡기심이니 내가 전에는 훼방자요 핍박자요 포행자(暴行者)[폭행자]이었으나 도리어 긍휼을 입은 것은 내가 믿지 아니할 때에[불신앙 중에] 알지 못하고 행하였음이라. 우리 주[님]의 은혜가 그리스도 예수 안에 있는 믿음과 사랑과 함께 넘치도록 풍성하였도다.

바울은 12-14절에서 자신을 "훼방자요 핍박자요 폭행자"였던 과거를 솔직히 고백합니다. "나를 능하게 하신 그리스도 예수 우리 주께 감사하노니, 나를 충성된 일꾼으로 여겨 사도의 직분을 맡기셨다"(1:12)고 고백하

며, 자신이 예수를 몰랐던 불신앙 시절에 저질렀던 악행—그리스도와 그분을 따르던 사람들을 비방하고 핍박·폭행했던 일—이 모두 무지에서 비롯된 것임을 인정합니다.

이어 그는 "주의 긍휼과 은혜가 그리스도 예수 안에 있는 믿음과 사랑과 함께 넘치도록 풍성하였다"(1:14)고 찬양합니다. 이 구절은, 바울 자신이 입은 용서와 부르심이 전적으로 주님의 긍휼—알지 못하고 행했던 과거의 죄를 덮으신 은혜—과, 그 은혜를 바탕으로 주어진 새 믿음과 사랑의 선물에 의해 이루어졌음을 강조합니다.

바울의 경험은 두 가지 교훈을 줍니다. 첫째, 어떤 죄라도 하나님의 긍휼 앞에서는 용서받을 수 있으며, 그 은혜가 "믿음과 사랑"을 동반해 우리 안에 풍성히 임한다는 사실입니다. 둘째, 하나님의 부르심을 받은 자에게는 "충성된 마음"이 주어지며, 이는 본래 핍박자였던 바울을 사도로 세우신 것처럼, 맡겨진 직분을 겸손히 감당하는 마음으로 이어져야 한다는 점입니다.

[15절] 미쁘다[믿을 만하도다], 모든 사람이 받을 만한(파세스 아포도케스 악시오스 πάσης ἀποδοχῆς ἀξίου)[전적으로 받을 만함](K.IV, NASB, NIV) **이 말이여, 그리스도 예수께서 죄인을 구원하시려고 세상에 임하셨다 하였도다. 죄인 중에 내가 괴수[우두머리]니라.**

바울은 "미쁘다, 전적으로 믿을 만한 말이여"라 칭하며 "그리스도 예수께서 죄인을 구원하시려고 세상에 오셨다"(딤전 1:15)고 고백합니다. 이 메시아는 이사야가 "기묘자라, 모사라, 전능하신 하나님이라, 영존하시는 아버지라, 평강의 왕이라"(사 9:6) 예언했고, 미가가 "베들레헴 에브라다에서 나서 이스라엘을 다스릴 자"(미 5:2)로 약속한 분이며, "그가 찔림은 우리의 허물 때문이요 그가 상함은 우리의 죄악 때문이라"(사 53:5)가 실현된 분입니다. 바울은 자신을 "죄인 중의 괴수"라 칭했는데, 그가 바로 그 심한 죄인들—즉 예수와 그분의 제자들을 비방·핍박·폭행했던 자들—까지 구원하시려 오신 그리스도의 긍휼을 증언하는 증거입니다.

[16절] 그러나 내가 긍휼을 입은 까닭은[내가 이 때문에 긍휼을 입은 것은] 예수 그리스도께서 내게 먼저 일절[모든](전통 사본)(KJV) 오래 참으심을 보이사 후에 주를 믿어 영생 얻는 자들에게 본이 되게 하려 하심이니라.

바울은 "내가 괴수 같은 죄인이라 긍휼을 입었으니, 이는 예수 그리스도께서 나에게 먼저 모든 인내를 보이셨기 때문이라"(딤전 1:16)고 고백합니다. 이 말씀은, 그가 가장 큰 죄인으로서도 예수님의 오래 참으심과 긍휼을 경험했기에, 이후 예수를 믿어 영생을 얻는 모든 이들에게 본이 되도록 하려는 의도임을 분명히 합니다. 어떤 중대한 죄를 지은 사람이라도 회개와 믿음을 통해 동일한 긍휼과 영생의 은혜를 누릴 수 있다는 강력한 선언입니다.

[17절] 만세의[영원하신] 왕 곧 썩지 아니하고 보이지 아니하고 홀로 하나이신 [지혜로우신](전통 사본) 하나님께 존귀와 영광이 세세토록 있을지이다. 아멘.

바울은 17절에서 "만세의 왕이시며, 썩지 아니하시고 보이지 아니하시며 홀로 하나이신 지혜로우신 하나님"께 모든 존귀와 영광이 세세토록 있을 것을 선언합니다. 이 구절은 구원을 베푸신 하나님이란 통치자이자 영원한 존재이시며, 변화나 부패와 무관하신 거룩한 분임을 고백합니다. 또한 보이지 않는 영이시고 유일무이한 참 하나님이심을 강조하며, 그분께 영원한 찬양과 영광이 마땅히 돌려져야 함을 힘주어 전합니다.

[18절] 아들 디모데야, 내가 네게 이 경계로써 명하노니 전에 너를 지도한 예언을 따라 그것으로 선한 싸움을 싸우며[아들 디모데야, 전에 네게 주었던 예언들을 따라 내가 네게 이 경계로써 명하노니 너는 그것들로 선한 싸움을 싸우며](KJV, NASB, NIV).

바울은 디모데에게 "아들 디모데야, 전에 네게 주었던 예언들로 선한 싸움을 싸우라"(딤전 1:18)고 권고합니다. 여기서 '예언들'은 하나님 권위로 주신 교훈을 의미하며, '선한 싸움'이라 함은 성령과 우리 육체 간의 갈등(갈 5:17)과 세상의 악한 풍조, 심지어 사탄의 공격(요 16:33; 딤후 3:12)에 맞서는 영적 전투를 가리킵니다.

이 싸움에서 우리의 유일한 무장은 하나님의 말씀입니다. 에베소서 6장 17절은 "성령의 검 곧 하나님의 말씀을 가지라"고 명하고, 예수님 자신도 마귀의 시험을 받을 때마다 "기록된 바… 사람이 떡으로만 살 것이 아니요 하나님의 입으로부터 나오는 모든 말씀으로 살 것이라"(마 4:4), "주 너의 하나님을 시험하지 말라"(마 4:7), "주 너의 하나님께 경배하고 다만 그를 섬기라"(마 4:10)고 성경을 인용하여 승리하셨습니다.

따라서 디모데는 자신에게 주어진 예언의 가르침을 하나님 말씀의 검으로 삼아, 몸 안의 죄성과 세상 악, 악한 영의 공세를 물리치며 담대히 '선한 싸움'을 감당해야 합니다.

**[19-20절] 믿음과 착한 양심을 가지라. 어떤 이들이 이 양심을 버렸고 그 믿음에 관

하여는 파선(破船)하였느니라. 그 가운데 후메내오와 알렉산더가 있으니 내가 사단에게 내어준 것은 저희로 징계를 받아 훼방하지 말게 함이니라.

바울은 디모데에게 "믿음과 착한 양심을 굳게 지키라"(딤전 1:19)고 권면합니다. 그러나 일부는 이 양심을 저버리고 믿음에서 배도하여 마치 난파된 배처럼 신앙이 무너졌습니다. 실제로 후메내오와 알렉산더는 교회를 훼방하고 진리와 하나님의 충성된 종들까지 비난했기에, 바울은 이들을 "사단에게 내어"(딤전 1:20) 권징함으로써 더 이상 교회를 해치지 않도록 조치했습니다. 여기서 '징계를 받는다'는 헬라어 빠이데우시스 παιδεύση(pai deúsē)로, KJV·NASB·NIV 모두 "배우다" 또는 "가르침을 받다"로 번역됩니다. 즉, 출교라는 강력한 조치를 통해 그들이 자기 행위를 돌아보고 "교회를 비난하지 않는 법을 배우게" 하려는 것이 바로 권징의 목적입니다. 바울은 또한 요한일서 5:19에서 "우리는 하나님께 속하였고 온 세상은 악한 자 안에 처하였느니라"고 기록함으로, 성도들이 이 땅에서 세상과 악의 세력 사이에 서 있음을 상기시킵니다. 이런 배경에서 디모데는 공동체의 순결을 지키기 위해 믿음과 양심을 더욱 굳건히 붙들고, 필요할 때는 권징을 통해 잘못된 길로 빠진 자들을 다시 참된 가르침으로 회복시켜야 할 책임이 있습니다.

본문의 교훈을 정리해 보면,

1. 하나님은 영원한 주권자이시다

"만세의 왕 곧 썩지 아니하고 보이지 아니하고 홀로 하나이신 지혜로우신 하나님께 존귀와 영광이 세세토록 있을지이다"(딤전 1:17).

창조주이자 만유의 주관자인 하나님만 경외하고 섬겨야 하며, 그분 안에서만 우주와 삶의 참된 답을 찾을 수 있다.

2. 예수 그리스도는 죄인들의 구주이시다

"믿을 만하도다, 전적으로 받을 만한 이 말이여, 그리스도 예수께서 죄인을 구원하시려고 세상에 임하셨다 하였도다… 죄인 중에 내가 괴수니라"(딤전 1:15).

바울 자신이 '죄인 중의 괴수'였음에도 불구하고 예수님의 긍휼로 구원받았듯, 예수님은 모든 회개하는 죄인을 긍휼히 여겨 구원하신다.

3. 영적 전투에서 승리하라

"전에 네게 주었던 예언들을 따라… 선한 싸움을 싸우며 믿음과 착한 양심을 가지라. 어떤 이들이 이 양심을 버렸고… 파선하였느니라"(딤전 1:18-19).

성령과 육체의 갈등, 세상의 악한 풍조, 사탄의 공격에 맞서 싸우려면 말씀으로 무장하고, 믿음과 양심을 굳게 지켜 배도와 변절에 빠지지 않아야 한다.

"기도로 시작, 선행으로 이어 가기"

1-8절, 기도에 대한 교훈
[1-2절] 그러므로 내가 첫째로 권하노니 모든 사람[들]을 위하여 간구와 기도와 도고(禱告)와 감사를 하되 임금들과 높은 지위에 있는 모든 사람을 위하여 하라. 이는 우리가 모든 경건과 단정한 중에 고요하고 평안한 생활을 하려 함이니라.

바울은 "그러므로 내가 첫째로 권하노니 모든 사람을 위하여 간구와 기도와 도고(엔튜크세이스 ἐντεύξεις)(enteuxis)와 감사를 하되, 임금들과 높은 지위에 있는 모든 사람을 위하여 하라"(딤전 2:1-2)고 명령합니다. 여기서 '간구'는 개인적 필요를, '기도'는 일반적 중보를, '도고'는 남을 위한 구체적 중보를, '감사'는 모든 상황에서 하나님께 감사하는 태도를 가리킵니다. 특히 '임금들과 높은 지위에 있는 자들'을 위한 기도는 대통령·국무총리·장관·국회의원·법관 등 공적 리더들이 영적·도덕적 회복과 바른 통치를 통해 "모든 경건과 단정한 중에 고요하고 평안한 생활을 하려 함"(딤전 2:2)이라는 하나님의 뜻을 이루도록 돕기 위함입니다. 이와 같은 기도 생활은 개인의 신앙을 넘어서 사회 전체의 안정과 평안을 세우는 길임을 보여 줍니다.

[3-4절] [이는](전통 사본) 이것이 우리 구주 하나님 앞에 선하고 받으실 만한 것이

니[것임이니] 하나님은[께서는] 모든 사람이 구원을 받으며 진리를 아는 데 이르기를 원하시느니라.

즉, 죄인들은 물론 악한 자들까지도 향하신 하나님의 긍휼과 오래 참으심을 믿고, 우리도 모든 사람을 위해 기도해야 한다는 것입니다. 성경은 이와 같은 하나님의 마음을 "내가 악인의 죽는 것을 기뻐하지 아니하고, 회개하여 살기를 원하노라"(겔 33:11)라고 증언하며, 예수님께서도 "나를 보내신 이의 뜻은 내게 주신 자 중에 하나도 잃어버리지 않고 마지막 날에 다시 살리는 것"이라고(요 6:39) 밝히셨습니다.

한편, "모든 사람이 구원을 받기를 원하신다"는 선언은 하나님의 보편적 긍휼을 드러내지만, 구원의 공동체를 실제로 이루실 대상은 "만세 전에 택하신" 그분의 백성으로 제한됩니다. 그렇기에 우리는 기도를 통해 하나님의 뜻을 구하며, "모든 사람"을 위해 중보하되, 그분의 주권과 섭리를 온전히 신뢰해야 할 것입니다.

[5절] [이는] 하나님은[께서는] 한 분이시요 또 하나님과 사람[들] 사이에 중보도 한 분이시니 곧 사람이신 그리스도 예수라[예수이심이니라].

우리가 모든 사람을 위해 기도해야 하는 근거는, 먼저 "하나님은 한 분이시라"(출 20:3; 신 6:4; 사 43:10-11; 44:24; 46:9; 고전 8:6; 엡 4:6)는 성경 진리가 확고하기 때문입니다. 그리고 하나님과 우리 사이에 유일한 중보자는 오직 "예수 그리스도 한 분뿐"(요 14:6; 행 4:12)임을 예수님과 사도들이 분명히 증언하셨습니다.

그러므로 온 인류—악한 자든 의로운 자든, 알고 지내는 사람이든 모르는 사람이든—모두가 "한 분 되신 하나님"(엡 4:6) 아래 그리스도를 통해 구원에 이르게 되기를 바라시는 하나님을 대신해, 우리도 그분의 마음으로 "모든 사람을 위하여"(딤전 2:1) 간구와 중보의 기도를 드려야 합니다.

[6절] 그가 모든 사람을 위하여 자기를 속전(贖錢)으로 주셨으니 기약이 이르면 증거할 것이라[증거 될 것이었도다].

바울은 "그리스도 예수께서는 모든 사람을 위하여 자신을 대속물(贖錢 안틸뤼트론 ἀντίλυτρον)(antilutron)로 주셨으니, 기약이 이르면 증거할 것이라"(딤전 2:6)고 선포합니다. 그러나 이 '모든 사람'은 "만세 전에 그리스도 안에서 택하사"(엡 1:4-5, 11) 하나님께서 예정하신 이들을 가리키며, 예수님 자신도 "내게 주신 자 중에 하나도 잃어버리지 아니하고"(요 6:39) "아버지께로 올 자가 없느니라"(요 6:44)고 약속하셨습니다. 바울은 또한 "이삭이 아닌 이스마엘을 택하셨으며"(롬 9:10-13), "아버지가 긍휼을 원하시는 자에게 긍휼을 베푸시고"(롬 9:15), "내 뜻대로 하는 자에게 긍휼을, 내 뜻대로 굳세게 하는 자에게 강퍅함을 보이셨다"(롬 9:16-18)고 설명함으로써, 구원의 은혜가 하나님 주권의 선택에 따라 택하신 자들에게 확실히 적용된다는 진리를 분명히 합니다.

[7절] 이를 위하여 내가 전파하는 자와 사도로 세움을 입은 것은 참말이요 거짓말이 아니니 믿음과 진리 안에서 내가 이방인의 스승이 되었노라.

바울이 "그리스도 예수께서 모든 사람을 위하여 자신을 대속물로 주셨으니, 기약이 이르면 증거할 것이라"(딤전 2:6)라고 선포할 때, "이를 위하여"라는 표현은 곧 "예수께서 모든 사람을 위해 속전이 되셨다는 복음 진리를 위하여"라는 의미입니다. 즉, 복음의 핵심은 바로 그리스도의 대속 사역이며, 이 진리를 전하기 위해 바울은 "전파하는 자와 사도와 교사"(딤전 2:7)가 되었습니다. 여기서 '전파하는 자'는 설교자·선포자를 가리키며, 바울은 특히 이방인들에게 이 대속의 진리와 믿음의 말씀을 증거하고 가르치는 일에 헌신했습니다.

[8절] 그러므로 각처에서 남자들이 분노와 다툼이 없이 거룩한 손을 들어 기도하기를 원하노라.

우리는 언제 어디서든 분노나 다툼 없이 마음을 정결히 하여 "거룩한 손을 들어" 간절히 하나님께 기도해야 합니다. 성경은 "죄악을 품고 내 손을 들어 올려도"(사 1:15) "주의 손이 피를 물들이므로"(사 59:2) 그러한 기도는 받아들여지지 않는다고 경고합니다.

따라서 우리가 기도할 때는 원망이나 미움 같은 죄된 감정을 내려놓아야 하며, 스스로를 향한 회개와 서로에 대한 사랑, 교회와 목사님을 위한 중보기도, 그리고 하나님의 구원 사역이 온전히 이루어지기를 구해야 합니다. 나아가 대통령·국무총리·장관·국회의원·법관을 비롯한 모든 공직자와 국민 전체, 우리나라의 평안을 위해 기도함으로써, 하나님께서 주권적으로 다스리시는 사회와 교회 공동체가 "경건과 단정함 가운데 고요하고 평안한 생활"(딤전 2:2)을 누리게 되기를 힘써야 합니다.

본문의 교훈을 정리해 보면,

1. 하나님은 모든 사람이 구원을 받기를 원하신다(딤전 2:4)

이는 율법에 드러난 하나님의 보편적 의지로, "모든 사람이 구원을 받고 진리를 아는 데 이르기를 원하신다"는 선언입니다. 그러나 동시에 하나님께서는 만세 전에 택하신 자들을 구원하실 예정과 선택의 뜻도 가지고 계시므로, 우리는 그 택하신 이들이 누구인지 알 수 없어 "모든 사람"을 향한 긍휼과 중보 기도를 멈추지 말아야 합니다.

2. 예수 그리스도는 유일한 중보자이시다(딤전 2:5-6)

"하나님은 한 분이시요 또 하나님과 사람 사이에 중보도 한 분뿐이시니 곧 사람이신 그리스도 예수라"고 하신 것처럼, 예수님만이 죄인과 하나님을 화목하게 하시는 대속물(贖錢, ἀντίλυτρον)이 되셨습니다. 그리스도의 이중 직분—중보자이자 유일한 구주— 없이는 아무도 아버지께 나아갈 수 없습니다.

3. 우리는 모든 사람을 위해 기도해야 한다(딤전 2:1-2)

"모든 사람을 위하여 간구와 기도와 도고와 감사를… 임금들과 높은 지위에 있는 자를 위하여 하라"고 하신 권면에 따라, 분노와 다툼 없이 거룩한 손을 들어, 개인과 교회, 나라의 대통령·장관·국회의원·법관과 온 백성, 그리고 우리나라의 평안을 위해 간절히 기도해야 합니다. 그 기도가 우리의 "고요하고 평안한 생활"(2:2)을 세우는 시작이 됩니다.

9-15절, 여자들에 대한 교훈

[9-10절] 또 이와 같이 여자들도 아담한(코스미오스 κόσμιον)[단정한](kosmios) 옷을 입으며 염치와 정절(소프로쉬네 σωφροσύνη)[바른 정신, 절제](sophrosyne)로 자기를 단장하고 땋은 머리와 금이나 진주나 값진 옷으로 하지 말고 오직 선행으로 하기를 원하라. 이것이 하나님을 공경한다 하는 자들에게 마땅한 것이니라.

사도 바울은 여성도가 교회 안에서 어떻게 자신을 드러낼지를 분명히 가르칩니다. 여기서 '단정한 옷'은 외설적이거나 호화로운 복장과 대비되며, '염치(아이도스 αἰδώς)(aidos)'는 부끄러움을 아는 태도를, '절제(σωφροσύνη)'는 바른 정신과 절제된 행동을 뜻합니다. "아름다운 여인이 삼가지 아니하는 것은 마치 돼지 코에 금고리 같으니라"(잠 11:22)는 말처럼, 외모만을 과도하게 치장하는 것은 본래의 의미를 상실한 허식에 불과합니다.

바울은 값비싼 장신구나 화려한 땋은 머리 대신, 성도의 '내면적 단장'—곧 선행과 선한 인격—을 강조합니다. 성도에게 가장 가치 있는 것은 일시적이고 육신적인 장식이 아니라, 하나님을 경외하는 마음에서 우러나오는 겸손과 사랑의 실천입니다. 그는 "성도의 참된 화려함은 하나님을 알고 그분의 뜻을 따라 선한 말과 행동을 풍성히 하는 데 있다"고 가르칩니다.

결국, 교회 안에서의 여성도의 아름다움은 외적 장식이 아니라, "하나님을 공경하며 내세를 아는 자"로서의 내면적 성장과 행동으로 측정됩니다. "육신적인 것이 아니라 영적인 가치에 집중하라"는 바울의 권면은, 오늘날 성도들이 세속적 기준에 흔들리지 않고 참된 신앙의 모습을 드러내도록 이끌어 줍니다.

**[11-12절] 여자는 일절[일체] 순종함으로(파세 휘포타게 πάσης ὑποταγῆς)[온전

한 순종으로] 종용히[조용히] 배우라. 여자의 가르치는 것과 남자를 주관하는 것을 허락지 아니하노니 오직 종용[조용]할지니라.

사도 바울은 에베소서에서 "아내들이 범사에 그 남편에게 복종할지니라"(엡 5:24)고 가르치며, 순종을 여자의 아름다운 덕목으로 삼으셨습니다. 이 순종은 남편이 어떠하든지 흔들림 없이 자기의 역할을 조용히 감당하는 것을 뜻합니다.

디모데 전서에서도 바울은 여성도들에게 외모가 아닌 내면의 품성을 강조합니다. 그는 "여성도는 단정한 옷을 입고 염치와 절제로 자신을 단장하되, 땋은 머리나 금이나 진주나 값비싼 옷으로 하지 말고 오직 선한 행실로 단장하라"(딤전 2:9-10)고 권면합니다. '단정한 옷'은 음란하거나 사치스러운 복장과 대조되는 것이며, '염치(αἰδώς)'는 부끄러움을 아는 태도, '절제($\sigma\omega\phi\rho\sigma\sigma$ύνη)'는 바른 정신과 절제된 행동을 뜻합니다. 잠언에서 "아름다운 여인이 삼가지 아니하는 것은 마치 돼지 코에 금고리 같으니라"(잠 11:22)는 경고처럼, 외적 꾸밈이 내적 선함을 대신할 수 없음을 분명히 하십니다.

또한 바울은 교회에서 여성들이 "조용히 배우되"(딤전 2:11) "여자의 가르치는 것과 남자를 주관하는 것을 허락하지 않는다"(딤전 2:12)고 엄히 규정하십니다. 이는 교회 내에서 목사와 장로에게 주어진 가르침과 권위의 직무를 여성이 수행할 수 없음을 뜻합니다. 고린도전서에서도 "여자는 교회에서 잠잠할지니라"(고전 14:34-35)고 동일한 가르침을 전하며, 교회 질서를 지키는 것이 하나님의 명백한 영원한 뜻임을 확인하십니다.

그렇다고 여성을 주일학교 교사나 권찰 같은 목회 협력자 자리에서 제외하는 것은 아닙니다. 이들은 목사와 당회의 감독 아래 보조자로서, 절대 목회권을 넘보거나 성경적 교훈에 반하는 행위를 하지 않도록 조심해야 합니다.

결국, 바울이 보여 주신 '여성의 참된 아름다움'은 외적 장식이 아니라, 하나님의 말씀과 질서를 존중하며 겸손과 사랑으로 교회와 가정을 세우는 내면의 선행과 절제에서 드러납니다.

[13-14절] 이는 아담이 먼저 지음을 받고 이와가 그 후며 아담이 꾀임을 보지 아니하고 여자가 꾀임을 보아 죄에 빠졌음이니라.

바울이 여성에게 남자를 가르치거나 주관하는 것을 허락하지 않는 이유는 크게 두 가지로 설명됩니다.

첫째, **창조의 질서** 때문입니다. 하나님께서는 "사람이 혼자 있는 것이 좋지 못하니 내가 그를 위하여 돕는 배필을 지으리라"(창 2:18)고 하시고, 남자를 먼저 창조하신 뒤 그의 갈빗대로 여자를 만드셨습니다. 이 원래의 질서 속에서 여자는 '남편의 돕는 배필'로 지혜롭게 배우고 순종하도록 지음받았기 때문에, 교회에서도 남성을 가르치거나 다스리는 역할을 맡지 말아야 한다는 것입니다(딤전 2:13).

둘째, **여자의 범죄** 때문입니다. 인류의 타락이 여자의 잘못에서 비롯되었는데, "여자가 그 나무를 보고 그 실과를 따 먹고 자기와 함께한 남편에게도 주매 그도 먹은지라"(창 3:6), 이로써 남자도 죄에 빠지게 되었습니다. 이 첫 범죄에서 여자가 주도적 책임을 졌으므로, 교회 안에서도 여성이 앞장서서 가르치거나 권위를 행사하는 것을 경계해야 한다는 논리입니다(딤전 2:14).

이 두 가지 이유—창조 시 주어진 '돕는 배필'의 역할과 범죄 시 주도적 책임—를 바탕으로 바울은 "여성이 가르치거나 남성을 주관하는 것을 허락하지 않는다"(딤전 2:12)고 권면하십니다.

[15절] 그러나 여자들이 만일 정절[바른 정신, 절제]로써 믿음과 사랑과 거룩함에 거하면 그 해산함으로 구원을 얻으리라.

바울은 여성이 교회 안에서 순종과 배움을 통해 겸손히 자신의 자리(창조 질서와 범죄 책임에 따른)를 지키되, "만일 믿음과 사랑과 거룩함 안에 거하면 자녀를 낳음으로 구원을 얻으리라"(딤전 2:15)는 약속을 덧붙입니다. 여기서 '구원을 얻으리라'는 말은 단순히 영혼의 구원만이 아니라, 자녀 출산과 양육을 통해 여성이 잃어버린 지위를 회복함을 가리킵니다.

즉, 경건하고 절제된 마음으로 아이를 낳고 도덕적으로 양육하는 일이야말로 여성이 감당할 수 있는 매우 복된 특권이자 의무이며, 이를 통해 가정과 교회에서 여성의 존귀한 역할이 증명된다는 것입니다. 경건한 어머니가 경건한 자녀와 가정을 이루는 일은 단순한 생물학적 행위를 넘어, 여성의 참된 가치를 되살리는 회복의 과정임을 바울은 강조합니다.

본문의 교훈을 정리해 보면,

1. 내면의 아름다움 강조(딤전 2:9-10)

"단정한 옷을 입고 염치와 절제로 자신을 단장하되… 오직 선한 행실로 단장하라." 화려한 장식 대신 겸손과 절제, 선행이 여성도의 참된 단장입니다.

2. 교회 직분의 제한(딤전 2:11-12)

"여성은 조용히 배우라… 여자의 가르치는 것과 남자 주관을 허락지 않는다." 창조 질서(창 2:18)와 범죄 책임(창 3:6)에 따라 여성은 목사·장로 직무에서 제외되고, 순종과 배움을 우선해야 합니다.

3. 지위 회복의 약속(딤전 2:15)

"믿음과 사랑과 거룩함 안에 거하면 해산함으로 구원을 얻으리라." 자녀 출산과 양육은 여성의 특권이자 복된 사명으로, 이를 통해 여성의 존귀가 회복됩니다.

"리더 자격, 이 정도는 알고 가자"

1-7절, 감독의 자격

[1절] 미쁘다[신실하도다]**, 이 말이여, 사람이 감독의 직분을 얻으려 하면**(오레고 ὀρέγω) [사모한다면] **선한 일을 사모한다 함이로다**[그는 선한 일을 열망하는 것이라].

사도 바울은 에베소 교회와 디모데에게 "감독(에피스코포스 ἐπίσκοπος)이란 장로(프레스뷔테로스 πρεσβύτερος)와 동일한 직분으로, 목사와 치리 장로를 모두 포함한다"(행 20:17, 28; 딛 1:5, 7; 딤전 5:17)고 가르칩니다. 이 직분자들은 교인들을 말씀으로 양육하고, 기도와 심방을 통해 돌보며, 성도들이 하나님과 예수님을 사랑하는 삶을 실제로 살아가도록 이끕니다.

목회는 단순한 설교에 그치는 것이 아니라, 목사와 장로들이 함께 교회를 섬기는 과정입니다. 두 직분자는 말씀 연구와 기도에 힘쓰며, 성도 한 사람 한 사람을 방문해 영적·생활적 돌봄을 제공합니다. 성도들이 선한 일에 열망하는 것은 하나님 사랑의 자연스러운 열매인데, 감독 직분을 사모하는 자라면 바로 그 '선한 일'을 갈망하는 이라 할 수 있습니다.

그러므로 각 지교회는 목사를 청빙하거나 장로를 세울 때 극히 신중해야 합니다. 디모데 전서 3장 2절부터 7절에 걸쳐 제시된 열여섯 가지 자격 요건—믿음의 성실함, 가정 관리, 절제된 삶 등—을 기준 삼아, 사역 능력과 인격을 철저히 검증한 후에 감독 직분을 맡겨야 교회의 튼튼한 성장과 건강한 목회를 보장할 수 있습니다.

[2절] 그러므로 감독은 책망할 것이 없으며 한 아내의 남편이 되며 절제하며(네팔레오스 νφαλίους)[맑은 정신을 가지며, 절제하며] **근신하며**(소프론 σώφρων)[건전한 정신을 가지며] **아담하며**(코스미오스 κόσμιον)[품행이 단정하며, 존경할 만하며] **나그네를 대접하며 가르치기를 잘하며.**

바울은 디모데에게 감독의 자격을 열거하며, "감독은 이러 이러한 자이어야 한다(데이 δεῖ, must be)"는 점을 분명히 강조합니다(딤전 3:2). 먼저, 감독은 "책망할 것이 없는 자"여야 합니다. 이는 그의 사상과 인격, 생활 전반에서 흠이 없어야 함을 뜻합니다. 또 "한 아내의 남편"이어야 하는데, 이는 창세기 2장에 나타난 일부일처제(창 2:18)와 결혼 서약에 충실한 삶을 살아야 한다는 의미입니다.

감독은 "절제하며 맑고 건전한 정신"을 지녀야 하고, "품행이 단정하여 존경받고 나그네를 대접"할 줄 알아야 합니다(딤전 3:2-3). 특히 "가르치기를 잘"해야 하는데, 이는 교인들을 진리로 이끄는 핵심 능력입니다. 디도서 1장 9절은 장로—즉 감독—에게 "미쁜 말씀의 가르침을 지켜… 능히 바른 교훈으로 권면하고, 거슬러 말하는 자들을 책망하게 하려 함"이라고 명시함으로(딛 1:9), 감독 자신이 먼저 말씀을 깊이 연구하고 본이 되어야 함을 강조합니다.

이처럼 감독 직분은 단순한 직책이 아니라, 하나님의 뜻에 따라 "반드시" 지켜야 할 거룩한 교회 질서이며, 인격적·영적 성숙과 능력 있는 말씀 사역을 통해 교회를 세우는 사명입니다.

[3절] 술을 즐기지 아니하며 구타하지[남을 때리지] **아니하며** [더러운 이익을 탐하지 아니하며](전통 사본) **오직 관용하며**(에피에이케스 ἐπιεικής)[온유하며, 친절하며, 예의가 있으며, 관용하며] **다투지 아니하며 돈을 사랑치 아니하며.**

사도 바울은 감독이 지켜야 할 절제와 덕목을 다음과 같이 가르칩니다.

1. 술을 즐기지 말 것

감독은 "술에 취하지 말라"(엡 5:18) 하신 말씀을 본받아, 절제된 정신과 판단력을 유지해야 합니다. "술 취하는 자는 천국에 들어갈 수 없느니라"(고전 6:10; 갈 5:21)는 경고처럼, 방탕과 과음을 멀리해야 합니다.

2. 폭력을 행사하지 말 것

감독은 "남을 치지 말라"(딤전 3:3)의 권면을 따라, 부당하거나 비인격적인 체벌·학대를 삼가야 합니다. 가정 내 징계와 다른 사람에 대한 폭력은 분명히 구분되어야 합니다.

3. 불의한 이익을 탐하지 말 것

"더러운 이익을 탐하지 말라"(딤전 3:3)는 바울의 가르침대로, 뇌물·탈세 같은 불법·불의한 수단 대신 정당한 노동과 정직한 소득을 추구해야 합니다(잠 16:8).

4. 온유와 친절을 실천할 것

"관용하고 온유하며 친절하고 예의가 있는" 감독은, 예수님의 "온유하고 겸손한 마음"(마 11:29)을 본받아 성도들을 섬깁니다. 이 덕목은 진리의 권면과 징계를 할 때에도 사랑의 태도로 이어져야 합니다.

5. 다투지 말 것

"주의 종은 다투지 아니하고… 온유함으로 징계할지니"(딤후 2:24-25)라는 권면처럼, 교만과 시기로 인한 분쟁을 피하고, 오해와 다툼 대신 온유와 화목의 길을 걸어야 합니다. 물론 진리 문제에 관해서는 "선한 싸움"(딤전 1:18)을 싸울 줄 알아야 합니다.

6. 돈을 사랑하지 말 것

"한 사람이 두 주인을 섬기지 못하리니… 너희가 하나님과 재물을 겸하여 섬기지 못하느니라"(마 6:24). 탐심은 "우상숭배"(골 3:5)이며 "돈을 사랑함이 일만 악의 뿌리"입니다(딤전 6:9-10). 감독은 물질에 얽매이지 않고, 오직 하나님만을 경외해야 합니다.

[4-5절] 자기 집을 잘 다스려 자녀들로 모든 단정함(셈노테스 σεμνότης)[엄숙함, 진지함]**으로 복종케 하는 자야 할지며 (사람이 자기 집을 다스릴 줄 알지 못하면 어찌 하나님의 교회를 돌아보리요?).**

바울은 감독이 "자기 집을 잘 다스려 자녀들로 모든 진지함으로 복종하게" 할 줄 알아야 한다고 가르칩니다(딤전 3:4-5). 이는 가정이 신앙 훈련의 제1 무대임을 보여 줍니다. 구약 십계명에서도 "네 부모를 공경하라"(출 20:12)가 인간관계의 첫 계명으로 주어졌고, 신약은 "자녀들아, 주 안에서 부모에게 순종하라. 이것이 약속 있는 첫 계명이니 네 날이 땅에서 길리라"(엡 6:1-3)고 권면합니다.

가정에서 자녀들이 부모를 공경하며 진지하게 순종할 때, 그 가정은 작은 교회처럼 건강하게 세워집니다. 반면, 감독이 자기 가정조차 돌보지 못하면 "하나님의 교회를 돌아볼 자격"이 없는 것이므로, 목사와 장로는 교회 목회를 시작하기 전에 먼저 '가정 목회'—가정에서의 경건과 질서 회복—를 충실히 감당해야 합니다.

[6절] 새로 입교한 자도 말지니 교만하여져서 마귀를 정죄하는 그 정죄에 빠질까 함이요.

사도 바울은 "새로 입교한 자" 즉 세례받은 지 얼마 되지 않은 자를 감독으로 세우지 말라고 분명히 경고합니다(딤전 3:6). 이는 신앙의 연륜과 성숙이 감독 직분을 감당하는 데 필수적이기 때문입니다. 신앙 인격은 몇 년간의 기도와 말씀 묵상, 교제와 시련을 통해 연단되며, 이 과정에서 교만이 아니라 겸손이 길러집니다. "교만은 패망의 앞잡이니"(잠 16:18)라는 경고처럼, 교만은 마귀의 죄이며, 신앙 공동체와 목회에 치명적 해를 끼칩니다. 따라서 감독 직분을 맡기기 전에 충분한 신앙 훈련과 겸손의 검증 과정을 거치게 함으로써, 교회를 올바르게 섬길 능력과 겸손한 마음을 갖추도록 해야 합니다.

[7절] 또한 외인에게서도 선한 증거를 얻은 자라야 할지니 비방과 마귀의 올무에 빠질까 염려하라.

감독은 "외인들에게서도 선한 증거를 얻은 자"—즉 디모데 전서 3장 7절이 말하듯 교회 밖의 비신자들 사이에서도 "그는 정직하고 선한 사람"이라는 평판을 받아야 합니다. 그래야 목회자 자신의 인격뿐 아니라, 그가 돌보는 교회 공동체가 세상의 비난이나 마귀의 함정에 빠지지 않고, 오히려 하나님의 영광과 교회의 명예를 드러낼 수 있기 때문입니다.

본문의 교훈을 정리해 보면,
사도 바울은 감독 곧 목사와 장로에게 요구되는 열여섯 가지 자격을 통해, 모든 성도가 지향해야 할 신앙생활의 지침을 제시합니다. 먼저 감독은 흠이 없고(책망할 것 없음), 일부일처의 충실한 남편이자 맑고 절제된 정신을 지닌 자여야 합니다. 그의 삶은 품행이 단정해 존경을 받고, 나그네를 환대하며, 성경 말씀을 능히 가르칠 줄 알아야 합니다. 더구나 술이나 폭력, 부정한 이익에 빠지지 않으며, 온유하고 친절해 다투지 않고, 물질을 사랑하지 않아야 합니다. 가정에서는 자녀를 경건히 양육할 줄 알고, 신앙 연륜이 충분해야 하며, 교회 밖 사람들에게도 선한 평판을 받아야 합니다. 이 모든 자격은 감독의 직을 사모하는 자뿐 아니라, 모든 성도가 닮아야 할 영적 이상이며, 교회의 건강과 하나님의 영광을 위해 반드시 지켜져야 할 하나님의 뜻입니다.

8 13절, 집사의 자격

[8절] 이와 같이 집사들도 단정하고(셈노스 σεμνός)[진지하고, 품위가 있고, 존경할 만하고](Thayer, BDAG) 일구이언(一口二言)[한 입으로 두 말]을 하지 아니하고 술에 인박이지 아니하고 더러운 이[이익]를 탐하지 아니하고.

성경은 집사를 "교회 재정을 관리하고 가난한 성도들을 돌보는 직분"(행 6:3)이라고 정의합니다. 디모데 전서 3장 8절은 이 직분에 다음 네

가지 자격을 명시합니다. 첫째, 집사는 **단정하고 진지하며 품위 있어 칭찬을 받을 만한 자**여야 합니다(딤전 3:8). 둘째, **한 입으로 두 말하지 않는 자**, 즉 거짓 없이 일관되게 진실을 말하는 사람이어야 합니다(딤전 3:8). 셋째, **술에 인박이지 아니하는 자**이어야 하며, 성경은 "술 취하는 자는 방탕하다"(엡 5:18)고 경고하고, "술 취하는 자와 더러운 이익을 탐하는 자는 천국에 들어갈 수 없느니라"(고전 6:10; 갈 5:21)고 단정합니다. 넷째, **더러운 이익을 탐하지 않는 자**, 즉 뇌물이나 탈세 같은 부정한 방법으로 이익을 취하지 않는 정직한 사람이어야 합니다(딤전 3:8). 이러한 자격들은 집사 직분에 국한되지 않고, 모든 성도가 본받아야 할 신앙생활의 기준이 됩니다.

[9절] 깨끗한 양심에 믿음의 비밀을 가진 자라야 할지니.

집사는 "믿음의 비밀을 지키고 양심에 함께 좋은 시험을 받은 자라야 하리니"(딤전 3:9)라 하셨습니다. 이는 참된 믿음이 깨어진 양심이 아닌 **깨끗한 양심**에서 비롯되며(행 24:16), "하나님과 그의 아들 예수 그리스도"를 만나는 **비밀스런 신앙 체험**을 바탕으로 살아가야 함을 뜻합니다. 이 믿음은 성경 말씀과 성령의 역사로 형성되나, 결국 **개인만이 아는 내적 확신**으로 나타나며, 그 인품과 행실을 통해 드러나야 합니다.

[10절] 이에 이 사람들을 먼저 시험하여 보고 그 후에 책망할 것이 없으면 집사의 직분을 하게 할 것이요.

사도 바울은 집사 후보자들을 세우기 전에 "먼저 시험하여 보고 그 후에 책망할 것이 없으면 집사의 직분을 하게 할 것"(딤전 3:10)이라고 권면합니다. 이는 사람의 참된 인격과 믿음이 겉모습이 아니라 실제 삶의 **시험**을 통해 드러나기 때문입니다. 교회는 후보자에게 임시로 다양한 사역을 맡겨 보며 그들의 **신앙의 건전함**(딤전 3:9), **도덕성**(딤전 3:8), **양심의 순결함**(딤전 3:9)과 **인격의 덕스러움**(딤전 3:8)을 관찰한 뒤, 흠이 없다고 확증되면 공식적으로 집사로 안수해야 합니다.

[11절] 여자들(귀나이카스 γυναῖκας)[아내들]도 이와 같이 단정하고(셈노스 σεμνός)[진지하며, 품위가 있으며, 존경할 만하며] 참소하지 말며 절제하며[맑은 정신을 가지며, 절제하며] 모든 일에 충성된 자라야 할지니라.

사도 바울은 "집사들의 아내들"(NASB 'women', KJV·NIV 'wives')도 다음과 같은 자격을 갖추어야 한다고 가르칩니다(딤전 3:11). 첫째, **진지하고 품위 있어 존경받을 만한 자**여야 하며, 둘째, **참소하지 않는 자**여야 합니다. 이는 남을 악의적으로 중상하지 않는 말의 순결을 뜻합니다. 셋째, **맑은 정신을 지니고 절제하는 자**여야 하며, 넷째, **모든 일에 충성된 자**여야 합니다. 충성(고전 4:2)이란 맡은 바 본분을 지키고 신뢰를 얻는 태도이며, 이 같은 아내들의 헌신과 협력이 있을 때 남편인 목사와 장로들은 더욱 온전히 교회를 섬길 수 있습니다.

[12절] 집사들은 한 아내의 남편이 되어 자녀와 자기 집을 잘 다스리는 자일지니.

사도 바울은 집사의 자격으로 두 가지를 다시 강조합니다.
첫째, 집사는 **한 아내의 남편**이어야 합니다(딤전 3:12a). 이는 집사가 오직 한 아내에게 마음을 두고 순결과 사랑을 지켜야 함을 뜻합니다.
둘째, 집사는 **자녀들과 집을 잘 다스리는 자**이어야 합니다(딤전

3:12b). 이는 부모로서 성경 말씀으로 자녀를 가르치고 경건과 선한 모범을 보이며 가정에서 존경을 받아야 함을 의미합니다

[13절] 집사의 직분을 잘한 자들은 아름다운 지위(밧모스 Πάτμος)[지위, 단계, 등급]와 그리스도 예수 안에 있는 믿음에 큰 담력을 얻느니라.

집사의 직분을 충성되이 수행한 자들은 "영생의 보상을 얻으리라"(딤전 3:13)고 약속되었듯, 주 안에서 인정받는 귀한 지위를 얻게 됩니다. 또한 그들은 그리스도 예수께 대한 믿음에 더욱 큰 담력을 얻어, 은혜의 보좌 앞에 담대히 나아가는 영적 성숙을 경험하게 됩니다.

본문의 교훈을 정리해 보면,

집사의 자격 요건(딤전 3:8-13)
1. 진지하고 품위 있어 존경받을 것(3:8)
2. 한 입으로 두 말 하지 않을 것(3:8)
3. 술에 인박이지 않을 것(3:8)
4. 더러운 이익을 탐하지 않을 것(3:8)
5. 깨끗한 양심에 믿음의 비밀을 지킬 것(3:9)
6. 한 아내의 남편일 것(3:12a)
7. 자녀들과 자기 집을 잘 다스릴 것(3:12b)
"이 일을 잘 행하는 자는… 영생의 보상을 얻으리라."(3:13)

장로와 집사 아내들의 자격 요건(딤전 3:11)
1. 진지하고 품위 있어 존경받을 것

2. 남을 악하고 거짓되이 비난하지 않을 것
3. 맑은 정신을 가지고 절제할 것
4. 모든 일에 충성될 것

14-16절, 경건의 비밀
[14-15절] 내가 속히 네게 가기를 바라나 이것을 네게 쓰는 것은 만일 내가 지체하면 너로 하나님의 집에서 어떻게 행하여야 할 것을 알게 하려 함이니 이 집은 살아계신 하나님의 교회요 진리의 기둥과 터(헤드라이오마 ἑδραίωμα)[(지주(支柱)(stay, prop, support)이니라.

사도 바울은 디모데 전서 3장 15절에서 교회를 "하나님의 집 교훈을 지키라. 이는 교회가 살아 계신 하나님의 집이요 진리의 기둥과 터니라"고 정의합니다. 교회는 단순한 사람들의 모임이 아니라, 마태복음 16장 18절에서 예수께서 "이 반석 위에 내 교회를 세우리라" 밝히신 바와 같이, 하나님께서 설계하시고 세우신 거룩한 집입니다. 고린도전서 3장 16절은 "너희가 하나님의 성전인 것과 하나님의 성령이 너희 안에 거하시는 것을 알지 못하느뇨?"라고 말함으로, 교회가 살아 계신 하나님이 거하시는 현장이며, 성도 개개인이 곧 그 집의 벽과 기둥임을 강조합니다.

또한 교회는 "진리의 기둥과 터"로서(딤전 3:15), 하나님의 온전한 말씀을 굳게 지키고 선포하여 진리를 세상에 견고히 세우는 역할을 감당해야 합니다. 기둥과 터가 약해지면 집이 무너지듯, 교회가 진리에서 이탈하면 하나님의 말씀도 흔들리기 때문에, 교회는 신·구약 성경의 온전한 진리를 조금도 가감 없이 믿고 가르치며 실천함으로써 세상의 혼란 속에서도 진리의 굳건한 기초가 되어야 합니다.

[16절] 크도다, 경건의 비밀이여, 그렇지 않다 하는 이 없도다. 그는[하나님께서는] 육신으로 나타난 바 되시고 영[성령님](KJV, NASB, NIV)으로 의롭다 하심을 입으시고 천사들에게 보이시고 만국에서 전파되시고 세상에서 믿은 바 되시고 영광 가운데서 올리우셨음이니라.

경건의 비밀은 예수 그리스도에 관한 진리로 요약됩니다(딤전 3:16).

하나님은 사람의 모습으로 나타나셨습니다. "말씀이 육신이 되어 우리 가운데 거하시매"(요 1:14), 영원하신 본체이신 그리스도께서 성육신하셨습니다.

그는 성령의 능력으로 의롭다 하심을 받으셨습니다. 죄 없으신 그분은 멸시받고 십자가에 달려 죽으셨으나, 삼일 만에 "성령의 능력으로"(행 2:32) 부활하시어 자신의 의로우심을 확증하셨습니다.

그는 천사들에게 증거되었습니다. 베드로는 그 "비밀을 천사들도 살펴보기를 원하는 것"(벧전 1:12)이라 말하며, 겟세마네에서나 부활·승천 시에도 천사들이 수종들었음을 기록합니다.

그는 만국에 전파되었습니다. 예수의 부활 복음은 "예루살렘으로부터 시작하여 온 유대와 사마리아와 땅 끝까지"(행 1:8) 증거되었고, 바울은 "이 복음이 천하 만민에게 전파된 바"(골 1:23)라 증언합니다.

그는 세상에서 믿음을 받은 구주가 되셨습니다. 유대인뿐 아니라 "온 세계 만민"이 그의 이름을 부르고 구원받는 복음의 능력이 나타났습니다.

마지막으로 그는 영광 가운데 올리우셨습니다. 부활 후 40일 만에 제자들이 지켜보는 가운데 "올려 올리우실 때 천사들이 증거"(행 1:9-11)하셨으며, 장차 성도들의 부활과 영원한 왕국을 약속하십니다.

본문의 교훈을 정리해 보면,

1. 교회는 하나님의 집이자 살아 계신 하나님의 교회

성도들의 연합체인 교회는 하나님께서 설계·세우시고 성령으로 인도하시는 거룩한 공동체입니다(마 16:18; 고전 3:16; 딤전 3:15).

2. 경건의 비밀은 예수 그리스도

"말씀이 육신이 되어"(요 1:14) 이 땅에 오신 그리스도께서 십자가에 죽으시고 "성령의 능력으로" 부활하셨으며(행 2:32), 천사들에게 증거된 후 "영광 중에 올리우셨다"(행 1:9-11)는 진리가 교회가 지켜 전파해야 할 핵심입니다(딤전 3:16).

3. 교회는 진리의 기둥과 지주

교회는 성경에 계시된 하나님의 온전한 말씀을 조금도 가감 없이 믿고 실천하며, "예루살렘으로부터 땅 끝까지"(행 1:8) 담대히 증거함으로 진리를 굳건히 세우는 기관입니다(딤전 3:15).

"목사도 자기 관리가 필수!"

1-5절, 귀신들의 교훈들을 조심하라
[1절] 그러나 성령이[께서] 밝히 말씀하시기를 후일에 어떤 사람들이 믿음에서 떠나 미혹케 하는 영[속이는 영들]과 귀신의 가르침[귀신들의 교훈들]을 좇으리라 하셨으니.

사도 바울은 "경건의 비밀" 곧 예수 그리스도를 전한 사도들의 가르침이 성령의 교훈임을 밝힌 뒤, 그 반대가 곧 **배도**―진리에서 떠나는 것―임을 경고합니다.

사도 요한은 "적그리스도가 이르겠다 함을 너희가 들은 것과 같이 지금도 많은 적그리스도가 일어났으니 이러므로 우리가 마지막 때인 줄 아노라"(요일 2:18)라 하여, 사도시대 말기에 이미 배도의 징조가 시작되었음을 증언합니다.

이 배도자들이 따르는 것은 "속이는 영들과 귀신들의 교훈들"입니다. 에덴 동산에서 하와를 속여 아담을 범죄하게 한 사탄은 지금도 "불순종의 아들들 가운데서 활동하는 영"으로, 세상 사람들의 마음을 혼미케 하여 그리스도의 복음을 깨닫지 못하게 합니다(엡 2:2; 고후 4:4).

따라서 우리는 이단적 사상이나 신비적 체험에 의존하지 않고, 사도들이 전한 성경 말씀만을 굳게 믿고 따라야 합니다. 오직 성경 교훈에 근거한 신앙생활이 진정한 경건의 길임을 사도 바울은 분명히 가르칩니다.

[2절] 자기 양심이 화인 맞아서 외식함으로 거짓말하는 자들이라.

성도는 "선한 양심"을 지니고(딤전 1:5, 19) 모든 일에 양심대로 행해야 합니다. 반면 양심이 화인(印) 맞듯 마비된 자는 선악과 진리·비진리를 분별치 못해 외식하며 거짓말을 일삼습니다.

사도 바울은 이단자들을 "양심이 마비된 자들"로 묘사합니다. 그들은 믿지 않으면서 믿는 척하고, 미워하면서 사랑하는 척하며, 하나님을 대적하면서 순종하는 척합니다. 진리 위에 서 있지 않으면서 진리 안에 거하는 척하며, 돈과 쾌락을 숭배하면서 경건을 가장합니다. 이러한 외식은 "속이는 영들과 귀신들의 교훈들"(딤전 4:1)이요, 성령의 교훈을 버린 결과입니다.

반면 "선한 양심"을 지닌 자는 늘 진실하여, 그 양심으로 예수 그리스도를 믿고 "구원과 영생"에 이르게 합니다. 성령께서는 그들로 참 진리 안에 거하게 하시지만, 귀신들은 사람들을 불신앙과 거짓으로 이끌어 멸망에 빠뜨립니다.

[3-5절] 혼인을 금하고 식물을 폐하라 할 터이나 식물은 하나님이[께서] 지으신 바니 믿는 자들과 진리를 아는 자들이 감사함으로 받을 것이니라. 하나님의 지으신 모든 것이 선하매 감사함으로 받으면 버릴 것이 없나니 하나님의 말씀과 기도로 거룩

하여짐이니라.

사도 바울은 "결혼을 금하고 음식 섭취를 폐하라"(딤전 4:3)는 것은 "속이는 영들과 귀신들의 교훈"이라고 경고합니다. 결혼은 범죄 이전부터 하나님께서 제정하신 복된 제도이므로, "사람이 혼자 있는 것이 좋지 못하다"고 하신 하나님이 "돕는 배필을 지으리라"(창 2:18) 하시고, "하나님의 형상대로 남자와 여자를 창조"하시며 "생육하고 번성하라"(창 1:27-28) 명하신 뜻에 반하는 가르침입니다. 홍수 이후에도 노아와 그 후손에게 "생육하고 번성하며 땅에 편만하여 번성하라"(창 9:7) 하신 것과, 아브라함에게 "네 씨로 하늘의 별과 같고 바닷가의 모래 같게 하리라"(창 22:17) 약속하신 언약은 결혼과 가정의 축복을 거듭 확증합니다.

음식 역시 하나님이 "온 지면의 씨 맺는 채소와 씨 있는 열매 맺는 나무를… 너희 식물이 되리라"고 주신(창 1:29) "심히 좋았더라"(창 1:31)는 선한 창조물입니다. 홍수 이후 하나님은 "산 동물을 채소같이 식물로 주셨고"(창 9:3), 예수님은 "떡 다섯 개와 물고기 두 마리"로 무리를 먹이시며(마 14:19), 율법 아래 정결·부정 음식을 구별하던 관습을 넘어 "모든 음식이 하나님 말씀과 기도로 거룩하며"(딤전 4:4-5) 버릴 것이 없게 하셨습니다.

따라서 금욕주의적 금단 명령은 "골격만을 따르고 육체적 금욕밖에 없는"(골 2:23) 그릇된 교훈이며, 신앙 성장과 성화는 "성령을 따라 행함으로 육체의 욕심을 죽이는"(갈 5:16) 하나님의 은혜와 성령의 도우심을 통해 이루어집니다. 사람은 "하나님의 은혜 아니면 아무도 영적으로 자라지 못하며", 진정한 경건은 오직 성경 말씀에 "가감치 말지 말라"(신 4:2; 계 22:18-19)는 명령에 순종함으로 세워집니다.

본문의 교훈을 정리해 보면,

1. 속이는 영들과 귀신들의 교훈 경계

양심에 화인 맞아 외식하며 거짓말하는 자들, 즉 기독교 이름의 이단과 천주교·자유주의 신학·은사주의 등을 조심해야 합니다. "영을 다 믿지 말고 오직 영들이 하나님께 속하였나 시험하라"(요일 4:1).

2. 금욕주의 경계

결혼 금지와 음식 폐지는 진리가 아니며, 성도의 성화는 금욕이 아니라 "성령을 좇아 행함으로 육체의 욕심을 이루지 아니함"(갈 5:16)으로 이루어집니다.

3. 오직 성경적 교훈에 거하기

신·구약 성경은 "모든 성경은… 교훈과 책망과 바르게 함과 의로 교육하기에 유익"(딤후 3:16-17)하므로, "말로나 우리 편지로 가르침을 받은 유전"(살후 2:15)을 굳게 지켜야 합니다.

6-10절, 경건 훈련

[6절] 네가 이것으로 형제를 깨우치면, 그리스도 예수의 선한 일꾼이 되어 믿음의 말씀과 네가 좇는 선한 교훈으로 양육을 받으리라[믿음과 좋은 교훈의 말씀으로 양육을 받는, 예수 그리스도의 좋은 일꾼이 되리라].

사도 바울은 디모데에게 "혼인을 금하고 음식 섭취를 폐하라"는 가르침이 "속이는 영들과 귀신들의 교훈"(딤전 4:1-3)임을 분명히 경고합니다. 그 대신 "하나님의 지으신 모든 것이 선하므로 감사함으로 받으면 버릴 것이 없다"(딤전 4:4-5)는 진리를 붙들어야 합니다. 이러한 분별력을 바탕으로, 디모데가 사람들을 가르칠 때에는 "믿음과 경건에 관한 선한 교훈"(딤전 4:6)만을 전해야 합니다.

예수 그리스도의 "좋은 일꾼"(딤전 4:6)은 하루아침에 만들어지지 않습니다.

그들은 "믿음과 좋은 교훈의 말씀"으로 수년 또는 더 긴 세월에 걸쳐 양육받으며 자라납니다. 성경은 "모든 성경이… 교훈과 책망과 바르게 함과 의로 교육하기에 유익"(딤후 3:16-17)하다고 선언하므로, 디모데와 같은 교사는 이 말씀을 삶과 사역의 기준 삼아 제자를 세워야 합니다.

[7절] 망령되고(베벨로스 βεβήλου)[속되고, 세상적이고] **허탄한**(그라오데이스 γραώδης)[나이 많은 여자들이 말하는] **신화를 버리고 오직 경건에 이르기를 연습하라**(귐나제 γυμνάζω)[훈련하라].

사도 바울은 "신화를 버리고 경건에 이르기를 연단하라"(딤전 4:7), "경건은 범사에 유익하나 약속된 것은 이것이니 곧… 영생을 받으리라"(딤전 4:8)고 권면합니다.

'신화'란 사실이 아닌 이야기로, 기독교는 역사적 사실들 위에 세워진 종교이기에 "속되고 어리석은 신화적 이야기"들은 버려야 합니다. 이들은 육신적인 즐거움만 제공할 뿐, 참된 믿음에 아무 유익이 없습니다.

대신에 '경건'—즉 하나님을 알고 두려워하며 믿고 섬기는 삶—은 **훈련**을 통해 이루어집니다. 경건 훈련이 없다면 성도도 세상 사람처럼 살기 쉽기 때문에, 매일의 개인 성경 읽기와 기도, 가정예배, 주일 준수, 예배 시간 엄수, 십일조 생활, 수요·금요·새벽예배 참석, 권찰·교사·찬양대 봉사, 전도 등 구체적 훈련을 통해 경건을 연단해야 합니다. 이러한 삶의 훈련은 단순한 금욕이 아니라, 성령을 따라 살며 몸의 욕심과 죄성을 이기는 참된 성화의 과정입니다.

[8절] 육체의 연습[몸의 훈련]은 약간의 유익이 있으나 경건은 범사에 유익하니 금생[현재의 삶]과 내생[내세의 삶]에 약속이 있느니라.

경건은 우리 삶에 두 가지 축복을 약속합니다. 먼저 '금생의 약속'으로, 하나님의 말씀에 순종할 때 우리는 마음의 평안과 몸의 건강, 물질적 안정, 사회적 평안을 경험합니다. 신명기 28장 1-6절에서 "네가 네 하나님 여호와의 말씀을 삼가 듣고… 순종하면… 네 몸의 소생과 네 토지의 소산이 복을 받을 것이라"(신 28:1-6)고 하셨고, 시편 1편은 "여호와의 율법을 주야로 묵상하는 자는… 그 잎사귀가 마르지 아니하리로다"(시 1:2-3), 시편 119편은 "주의 법을 사랑하는 자에게는 큰 평안이 있으니"(시 119:165)라 찬양합니다. 잠언 3장 1-2절은 "나의 법을 잊지 말라… 그리하면 많은 해를 누리며 평강을 더하리라"(잠 3:1-2), 7-10절은 "여호와를 경외하며 악을 떠날지어다… 네 창고가 가득히 차고… 잔에 새 포도즙이 넘치리라"(잠 3:7-10)고 권면합니다. 예수께서도 "너희는 먼저 그의 나라와 그의 의를 구하라, 그리하면 이 모든 것을 너희에게 더하시리라"(마 6:33)고 약속하셨습니다.

다음으로 '내생의 약속'은 영생의 확신입니다. 바울은 "내가 전한 복음을… 굳게 지키고 헛되이 믿지 아니하였으면 이로 말미암아 구원을 얻으리라"(고전 15:1-2)고 전하며, "사람이 무엇으로 심든지 그대로 거두리라… 성령을 위하여 심는 자는 성령으로부터 영생을 거두리라"(갈 6:7-8)고 경고합니다. 베드로전서 1장 8-9절은 "예수를 보지 못하였으나 믿고…

믿음의 결국 곧 영혼의 구원을 받음이라"(벧전 1:8-9)고, 베드로후서 1장 10-11절은 "부르심과 택하심을 굳게 하라… 구주 예수 그리스도의 영원한 나라에 들어감을 넉넉히 얻게 하시리라"(벧후 1:10-11)고 확신합니다.

이처럼 경건은 단순한 세속적 수단이 아니라, "범사에 유익"하며 영원한 축복으로 이어지는 하나님의 약속입니다(딤전 4:8).

[9절] 미쁘다, 이 말이여[이 말은 신실하며], 모든 사람들이[전적으로] 받을 만하도다.

경건은 "범사에 유익"할 뿐 아니라 "금생과 내생에 약속"이 있으니, "믿을 만하도다, 모든 사람이 받을 만한 이 말이여"(딤전 4:8-9)라는 권면을 전적으로 받아들여야 합니다. 하나님께 의지하며 섬기는 삶이야말로 참된 행복과 영생이요, 그분은 "우리의 생명과 복의 근원이시"니, 이 근본 진리를 더디 믿지 말고 전심으로 받아 경건한 사람이 되도록 힘써야 합니다. 경건 훈련이야말로 이 세상에서 가장 가치 있는 훈련입니다.

[10절] [이는] **이를 위하여 우리가 수고하고 진력(盡力)하는**[모욕을 당하는](전통본문) **것은 우리 소망을 살아계신 하나님께 둠이니 곧 모든 사람 특히 믿는 자들의 구주시라.**

바울은 "이를 위하여"(딤전 4:10) 곧 경건을 이루는 일을 위해 자신과 동역자들이 "수고하며 모욕을 당함"(딤전 4:10)을 마다하지 않았습니다. 이는 그들이 소망을 이 세상의 돈이나 육신의 쾌락에 두지 않고, "살아계신 하나님과 모든 사람의 구주요 특히 믿는 자들의 구주이신"(딤전 4:10) 하나님께만 두었기 때문입니다. 살아계신 하나님은 오늘도 우리를 구원하셨고, 진리 안에서 양육하시는 참된 소망이시므로, 경건을 위해 힘쓰는 일이야말로 가장 귀한 사역입니다.

본문의 교훈을 정리해 보면,

1. 경건 훈련에 힘쓸 것
"이를 위하여" 경건을 이루려면 성경 읽기와 기도 생활을 꾸준히 연습해야 합니다. 새벽이나 밤중에도 말씀을 묵상하고 기도하는 규칙적 훈련이 필요합니다.

2. 경건은 범사에 유익하며 약속이 있다
신체 훈련이 일부 유익하듯, 경건은 현세 '금생'에 마음의 평안·신체 건강·물질적 안정 등을 주고, '내생'에 확실한 영생을 보장합니다.

3. 소망을 세상에 두지 말 것
돈이나 육체의 쾌락 같은 일시적 자원에 의지하지 말고, "살아계신 구주 하나님"께만 소망을 두어야 합니다. 세상 것은 덧없지만, 하나님은 영원하십니다.

11-16절, 목사의 자기 훈련
[11절] 네가 이것들을 명하고 가르치라.

사도 바울이 "이것들을 명하라"(딤전 4:11)고 권하는 '이것들'은 앞서 경건 훈련의 중요성을 강조하며 금욕주의의 미혹을 버리라 가르친 모든 내용을 가리킵니다. 즉, 디모데는 자신이 배운 "믿음과 경건에 관한 선한 교훈"(딤전 4:6)과 "모든 음식이 하나님 말씀과 기도로 거룩하게 된다"(딤전 4:4-5)는 진리뿐 아니라, "경건에 이르기를 연단하라"(딤전 4:7) "이것이 유익하나 금생과 내생에 약속이 있느니라"(딤전 4:8) 등의 가르침을 맡은 이들에게 분명히 전하고 실천하도록 명해야 합니다.

여기서 '명하라'는 단어는 사도들의 교훈이 단순한 인간적 권고가 아니라, "하나님께 속한 교훈"(딤전 4:1)으로서 신적 권위를 지닌 명령임을 드러냅니다. 그러므로 이 가르침은 디모데 개인에게만 국한되지 않고 "주께서 부르시는 모든 사람에게 유익"(딤전 4:10)한 하나님의 명령과 교훈으로, 교회 공동체 전체가 순종하고 지켜야 할 진리입니다.

[12절] 누구든지 네 연소함을 업신여기지 못하게 하고 오직 말과 행실과 사랑과[심령과](전통 사본) 믿음과 정절에 대하여 믿는 자에게 본이 되어.

사도 바울은 젊은 사역자인 디모데를 향해 "말과 행실과 사랑과 심령과 믿음과 정절에 있어서 믿는 자들의 본이 되라"(딤전 4:12) 권면합니다. 오늘날 모든 말씀 사역자들도 여섯 가지 영역에서 본이 되어야 합니다.

첫째, **말씀 사역자는 말에 본이 되어야 합니다.** 야고보서 3장 1-2절은 "많이 선생이 되지 말라… 말에 실수가 없는 자면 곧 온전한 사람이라" 경고하므로, 사역자는 언어의 절제를 통해 신뢰를 쌓아야 합니다.

둘째, **행실에 본이 되어야 합니다.** 야고보서 2장 17절과 26절은 "행함이 없는 믿음은 죽은 것이라"고 선언하여, 참된 신앙이 선한 행위로 드러나야 함을 가르칩니다.

셋째, **사랑에 본이 되어야 합니다.** 예수님께서 "서로 사랑하라"는 새 계명(요 13:34)을 주셨듯, 사역자는 하나님 사랑과 이웃 사랑을 몸소 실천하여 율법의 완성이 무엇인지 보여 줘야 합니다.

넷째, **심령에 본이 되어야 합니다.** '심령'은 생각을 가리키므로, 말씀 사역자는 성경적 진리와 일치하는 깨끗한 사고로 자신의 내면을 다스려야 합니다.

다섯째, **믿음에 본이 되어야 합니다.** 우리가 복음을 믿음으로 구원받았듯, 사역자는 기도와 말씀 묵상으로 믿음을 굳게 세워 성도들의 신뢰를 얻어야 합니다.

여섯째, **정절에 본이 되어야 합니다.** '정절'은 이성 관계의 순결함을 뜻하므로, 사역자는 개인적 삶에서도 깨끗함을 지켜야 합니다.

이처럼 말씀 사역자는 **말과 행실과 사랑과 심령과 믿음과 정절**의 모든 면에서 성도들의 본이 되어, 그들이 전해지는 교훈을 온전히 신뢰하고 따를 수 있도록 해야 합니다.

[13절] 내가 이를 때까지 읽는 것과 권하는 것과 가르치는 것에 착념하라.

'착념하다'는 '한 가지에 집중하여 전념하다'는 뜻입니다. 디모데는 비록 젊어 부족함이 있을지라도, "네 자신을 하나님께 인정된 일꾼으로 나타내기 위하여 연단하라"(딤후 2:15) 하신 말씀처럼, 말씀 사역에 전념해야 했습니다.

무엇보다 그는 성경 읽는 일에 착념해야 합니다. 개인 묵상으로 성경을 깊이 읽는 것은 물론, 공적 예배 자리에서 성경을 소리 내어 읽음으로 교인들에게도 말씀을 공급해야 합니다. 나아가 그는 그 읽은 말씀을 권면과 격려의 언어로 전하고, 핵심 교훈을 해설하며 증거하는 가르침의 사역에도 힘써야 합니다.

[14절] 네 속에 있는 은사 곧 장로의 회에서 안수받을 때에 예언으로 말미암아 받은

것을 조심 없이[소홀히 여기지] 말라.

'장로의 회'는 오늘날의 노회를 가리킵니다. 디모데가 안수받을 때 하나님께서 특별한 은사를 그에게 주신 것처럼, 오늘날에도 각 말씀 사역자에게는 해외 선교, 농어촌 전도, 전문인 선교 등 다양한 분야의 은사와 사명이 주어집니다. 따라서 말씀 사역자는 자신에게 주신 은사와 소명을 분별하여, 속한 노회와 교회 공동체 안에서 하나님께 충성하며 사역을 감당해야 합니다.

[15절] 이 모든 일에 전심전력하여 너의 진보를 모든 사람에게 나타나게 하라.

"이 모든 일"이란 앞서 언급된 것처럼, 말씀 사역자가 말과 행실, 사랑과 심령, 믿음과 정결함에 있어 성도들의 본이 되는 삶을 살며, 동시에 성경 읽기와 권면·가르침에 전념하는 하나님 앞의 사역 전반을 가리킵니다. 참된 일꾼은 이 일들에 전심전력함으로 지식이 깊어지고 분별력과 입장이 명료해지며, 인격과 생활 전반에서 끊임없는 성화의 진보를 이루어야 합니다. 이렇게 개인적·사역적 성장이 실제 삶의 변화로 드러날 때, 모든 사람은 그 사역자의 믿음과 교훈에 신뢰를 가질 수 있습니다.

[16절] 네가 네 자신과 가르침을 삼가 이 일을 계속하라. 이것을 행함으로 네 자신과 네게 듣는 자를 구원하리라.

사도 바울이 "네 자신을 삼가라" 함은 말씀 사역자가 끊임없이 자기 삶을 돌아보고 훈련하며 영적·인격적 성숙을 이루라는 뜻입니다. "가르침을 삼가라"는 말씀은 사역의 핵심이 방법이 아니라, 무엇보다 바른 진리

내용을 전하는 데 있음을 강조합니다. 그리고 "이 일을 계속하라"는 권면은 한두 번의 실천으로 그치지 말고, 이 훈련과 가르침을 평생에 걸쳐 꾸준히 이어 가야 함을 가리킵니다.

마지막으로 "네 자신과 네게 듣는 자를 구원하리라"는 약속은, 사역자의 철저한 자기 훈련이 자신의 구원을 확실히 함과 동시에, 그가 전하는 말씀을 듣는 사람들의 구원도 굳건히 이룰 것임을 의미합니다. 말씀 사역자의 부지런한 자기 단련 없이는 진정한 영혼 구원의 열매를 기대하기 어렵습니다.

본문의 교훈을 정리해 보면,

1. 말씀 사역자는 말·행실·사랑·심령·믿음·정절에 본이 되어야 한다.
2. 말씀 사역자는 개인·공적으로 성경 읽기·연구·권면·가르침에 전념해야 한다.
3. 말씀 사역자는 이 모든 일에 전심전력하여 지식·분별력·인격·사역에서 진보를 드러내야 한다.

제5장

"교회 가족 돌봄 가이드"

1-16절, 과부에 대한 규례

[1-2절] 늙은이를 꾸짖지 말고 권하되 아비에게 하듯 하며, 젊은이를 형제에게 하듯 하고, 늙은 여자를 어미에게 하듯 하며, 젊은 여자를 일절 깨끗함으로 자매에게 하듯 하라.

사도 바울은 디모데에게 "나이 많은 사람을 꾸짖지 말고 아버지에게 하듯 권하고, 젊은 사람을 형제에게 하듯, 나이 든 여자를 어머니에게 하듯, 젊은 여자를 일절 깨끗함으로 자매에게 하듯"(딤전 5:1-2) 대하라고 권면합니다. 말씀 사역자는 이 같은 예절과 덕을 지켜, 모든 성도들에게 낮은 마음과 온전한 순수함으로 겸손하게 말하며 행동해야 합니다.

[3절] 참 과부인 과부를 경대(敬待)하라.

"참 과부"는 60세 이상으로, 돌아볼 자녀나 친척이 없으며(딤전 5:3), 평소에 나그네를 대접하고 성도들을 섬기며 환난 당한 이들을 구제하는 선행을 지속해 온 자를 가리킵니다(딤전 5:10). "경대한다"(티마 τιμάω)는 단순한 존경을 넘어 물질적 필요를 공급함을 의미하며, 교회는 이러한 참 과부를 공경하고 실제로 도와야 한다고 명령합니다(딤전 5:16).

[4절] 만일 어떤 과부에게 자녀나 손자들이 있거든 저희로 먼저 자기 집에서 효를 행하여(유세베인 εὐσεβεῖν)[공경하며] 부모에게 보답하기를 배우게 하라. 이것이 하나님 앞에 받으실 만한 것이니라.

과부에게 자녀나 손자들이 있다면, 먼저 자기 집에서 부모와 조부모를 공경하며 그들을 봉양하는 법을 배워야 합니다. "네 부모를 공경하라"(출 20:12)는 제5계명은 자녀에게 "부모에게 순종하라… 이것이 약속 있는 첫 계명이라, 네가 땅에서 장수하리라"(엡 6:1-3)고 하여, 가정에서 효도를 배우는 것이 하나님 앞에 합당한 일임을 가르칩니다.

따라서 믿는 자녀는 집에서부터 부모를 존중하고 돌보는 삶을 통해 하나님의 뜻인 의와 선을 실천해야 하며, 이는 교회가 참 과부를 공경함과 마찬가지로, 가족이 먼저 보이는 경건한 본보기가 됩니다.

[5-6절] 참 과부로서 외로운 자는 하나님께 소망을 두어 주야로 항상 간구와 기도를 하거니와 일락을 좋아하는 이는 살았으나 죽었느니라.

자녀나 손자들이 있는 과부는 먼저 가정에서 부모와 조부모를 공경하며 봉양하는 법을 배워야 합니다. "네 부모를 공경하라"(출 20:12)의 제5계명과 "부모에게 순종하라… 이것이 약속 있는 첫 계명이라"(엡 6:1-3)는 가정에서 효도를 배우는 것이 하나님께 합당한 경건임을 가르칩니다.

따라서 믿는 자녀는 가정에서부터 부모를 존중·돌보며 하나님의 뜻인 의와 선을 실천해야 하며, 이것이 교회가 '참 과부'를 공경하는 일과 마찬가지로 경건의 본보기가 됩니다.

[7절] 네가 또한 이것을 명하여 그들로 책망 받을 것이 없게 하라.

모든 성도는 이제껏 배운 교훈을 삶에 적용해야 합니다. 우리는 육신의 허무한 쾌락을 좇아 살 자들이 아니라, "하나님을 경외하며 그의 영광을 소망"(출 20:12; 엡 6:1-3)하고, 성경 말씀과 기도로 날마다 살아야 할 자들입니다. 천국의 소망을 저버리고 이 세상에만 매여 살면 하나님의 진리를 외면하는 것입니다. 그러므로 성도는 세속적이고 순간적 기쁨을 버리고, 오직 살아 계신 하나님께 소망을 두며 경건의 훈련—말씀 묵상과 기도—을 힘써야 합니다.

[8절] 누구든지 자기 친족 특히 자기 가족을 돌아보지 아니하면 믿음을 배반한 자요 불신자보다 더 악한 자니라.

"누구든지 자기 가족, 특히 친족을 돌보지 아니하는 자는 믿음을 배반한 자요 불신자보다 더 악한 자라"(딤전 5:8)는 말씀은 신앙과 행위가 분리될 수 없음을 분명히 합니다. 하나님을 잘 믿는다고 자부하면서도 외로운 부모나 친척을 돌아보지 않는다면, 그 신앙은 진실하지 않습니다.

하나님을 섬기는 자는 세상의 사람보다 오히려 더 사랑을 실천해야 합니다. 예수께서 "새 계명을 너희에게 주노니 서로 사랑하라"(요 13:34)고 하신 것처럼, 이웃 사랑은 우리 믿음의 본질이자 세상에 드러내는 증거이며, 이를 통해 하나님께 영광을 돌리게 됩니다.

[9-10절] 과부로 명부에 올릴 자는 나이 60이 덜 되지 아니하고 한 남편의 아내이었던 자로서 선한 행실의 증거가 있어 혹은 자녀를 양육하며 혹은 나그네를 대접하며 혹은 성도들의 발을 씻기며 혹은 환난 당한 자들을 구제하며 혹은 모든 선한 일을 좇은 자라야 할 것이요.

초대교회는 돌볼 과부들을 선정하기 위해 명부를 작성하며, 그에 오를 자를 세 가지 기준으로 제한하였습니다. 첫째, **나이는 60세 이상**이어야 하였는데, 이는 스스로 생계를 꾸리기 어렵고 재혼 가능성도 낮음을 뜻합니다. 둘째, **한 남편의 아내**였어야 하여, 이혼·재혼한 경우는 제외되었습니다. 셋째, **다양한 선한 행실**—자녀 양육, 나그네 대접, 성도들의 발 씻기와 같은 섬김, 환난 당한 자 구제 등—의 **증거가 있는 자**여야 했습니다.

[11-15절] 젊은 과부는 거절하라. 이는 정욕으로 그리스도를 배반할 때에 시집가고자 함이니 처음 믿음을 저버렸으므로 심판을 받느니라. 또 저희가 게으름을 익혀 집집에 돌아다니고 게으를 뿐 아니라 망령된 폄론을 하며 일을 만들며 마땅히 아니할 말을 하나니 그러므로 젊은이는 시집가서 아이를 낳고 집을 다스리고 대적에게 훼방할 기회를 조금도 주지 말기를 원하노라. 이미 사단에게 돌아간 자들도 있도다.

사도 바울은 "젊은 과부"를 과부 명부에 올리지 말라고 권합니다(딤전 5:11), 그 이유는 그들이 **정욕으로 그리스도를 배반**할 위험이 있기 때문입니다(딤전 5:11; 카타스트레니아오 καταστρηνιάω). 이는 처음 예수님께 바쳤던 **믿음을 저버린** 상태이며, 게으름과 험담으로 교회를 허물 수 있습니다(딤전 5:13-14).

그렇기에 바울은 **재혼**을 권하여 "집을 돌보고 자녀를 낳아… 사탄에게 시험당할 기회를 주지 않"도록 하라 합니다(딤전 5:14-15). 사별로 인한 재혼은 "하나님께서 허락"하신 정당한 선택이며, 스스로 독신을 서약하는 것은 "사단에게 돌아가는" 어리석음이 될 수 있습니다(딤전 5:15; 엑세트라페산 오피소 투 사타나 ἀνέστρεψεν ὀπίσω τοῦ Σατανᾶ).

따라서 젊은 과부는 **정욕의 시험** 대신, **결혼을 통해 책임 있는 가정 생활**을 함으로 그리스도에 대한 충성을 지키고, 교회에 유익을 끼치는 삶을 살아야 합니다.

[16절] 만일 믿는 여자에게 과부 친척이 있거든 자기가 도와주고 교회로 짐지지 말게 하라. 이는 참 과부를 도와주게 하려 함이니라.

사도 바울은 교회 공동체가 어떻게 과부와 가족을 돌봐야 할지를 다음과 같이 가르칩니다.

첫째, **모든 연령층을 가족처럼 대할 것**

"늙은 이를 꾸짖지 말고 아비에게 하듯 권하며… 젊은 여자를 일절 깨끗함으로 자매에게 하듯 하라"(딤전 5:1-2). 주 예수께서도 "누구든지 하늘에 계신 내 아버지의 뜻대로 하는 자가 내 형제요 자매요 모친이니라"(마 12:50)고 하셨듯, 교회는 하나님의 큰 가정입니다.

둘째, **참 과부를 공경·도울 것**

"참 과부인 과부를 경대하라"(딤전 5:3). 참 과부는 60세 이상이며 "한 남편의 아내로 평생 자녀를 양육하고… 나그네를 대접하고 환난 당한 자를 구제"한 선한 행실의 증거가 있는 자입니다(딤전 5:9-10). 교회는 이들을 물질적으로 돕고 보호해야 합니다(딤전 5:16).

셋째, **젊은 과부는 명부에서 제외할 것**

젊은 과부는 "정욕으로 그리스도를 배반할" 위험이 있어 "집을 돌보고 가정을 이루어… 사탄의 시험을 면하게" 하라고 권고합니다(딤전 5:11-15). 음란과 정욕은 믿음을 저버리는 행위임을 경계해야 합니다(벧전 4:3).

넷째, **가족을 먼저 돌볼 것**

"어떤 과부에게 자녀나 손자가 있거든 저희로 먼저 자기 집에서 부모를 공경하여 보답하기를 배우게 하라… 자기 친족을 돌아보지 아니하면 믿음을 배반한 자요 불신자보다 더 악한 자"(딤전 5:4, 8). 성도는 먼저 가족을 섬기고, 과부를 교회로 짐 되지 않게 해야 합니다(딤전 5:16).

17-25절, 목사와 장로에 대한 교훈
[17-18절] 잘 다스리는 장로들을 배나 존경할 자로 알되 말씀과 가르침에 수고하는 이들을 더할 것이니라. [이는] 성경에 일렀으되 곡식을 밟아 떠는 소의 입에 망을 씌우지 말라 하였고 또 일꾼이 그 삯을 받는 것이 마땅하다 하였느니라[하였음이니라].

사도 바울은 디모데 전서 5장 17-18절에서 교인들이 **교회를 잘 다스리는 장로들**을 존경하되, "말씀과 가르침에 수고하는 이들"을 더욱 귀히 여길 것을 권면합니다. 여기서 '말씀과 가르침에 수고하는 이들'은 설교 장로, 곧 목사들을 가리키며, 그들이 하나님의 말씀을 전파·강해하는 직무를 수행하기 때문입니다.

또한 바울은 그들에게 **물질적 필요를 공급**하라고 명령합니다. 그는 "성경이 말하되 '곡식을 밟아 떠는 소의 입에 망을 씌우지 말라'(신 25:4)"고 했으며, "일꾼이 그 삯을 받는 것이 마땅하니라"(눅 10:7)고 주 예수님께서 말씀하신 것을 인용하며, "이 두 구절은 성경에 기록된 말씀이니라"고 강조합니다. '성경(헤 그라페 ἡ γραφή)'은 단수 명사로서 구약 39권과 신약 27권을 포함한 하나님의 말씀 전체를 가리키며, 살아 계신 하나님의 음성을 전하는 권위 있는 글로 인정됩니다.

[19절] 장로에 대한 송사는 두세 증인이 없으면 받지 말 것이요.

교회의 목사와 장로에 대한 송사(訟事)는 신명기 19장 15절의 원칙을 따라 **"사람이 아무 악이든지…한 증인으로만 정할 것이 아니요 두 증인**

이나 세 증인의 입으로…확정할 것이라"(신 19:15) 요구됩니다. 일반 성도에게도 그러했으니, 더욱 중요한 직분자들에 대한 비난과 고발은 **경솔히가 아니라 신중하고 정확하게** 이루어져야 합니다.

[20절] 범죄한 자들(투스 하마르타논타스 τοὺς ἁμαρτάνοντας)[계속 범죄하는 자들, 죄 가운데 있는 자들](현재분사)**을 모든 사람 앞에 꾸짖어 나머지 사람으로 두려워하게 하라.**

"계속 범죄하는 자는 '모든 사람 앞에서' 꾸짖어야 합니다(딤전 5:20). 이는 그들의 죄가 은밀히 남아 다른 이들에게 전염되는 것을 막고, 공개적 책망을 통해 회개를 촉구하기 위함입니다. 만일 꾸짖음을 인신공격으로만 여겨 불쾌해한다면, 그는 자신을 하나님보다 더 사랑하는 자일 것입니다. 그러나 참으로 하나님을 사랑하는 자라면, 책망받은 죄를 즉시 회개하고 고쳐야 합니다.

[21절] 하나님과 그리스도 예수와 택하심을 받은 천사들 앞에서 내가 엄히 명하노니 너는 편견이 없이 이것들을 지켜 아무 일도 편벽되이 하지 말며.

하나님은 공의의 심판자이시며, 택하심 받은 거룩한 천사들도 마지막 날 그의 공의를 섬길 것입니다. 우리는 심판하시는 하나님 앞에서 두려운 마음으로 말과 행실을 신중히 해야 하며, 주의 종들은 어떠한 일에도 편견 없이 공명정대하게 처신해야 합니다. 교회 재판 시에는 "송사에 원고의 말이 바른 것 같으나 그 피고가 와서 밝히느니라"(잠언 18:17)는 말씀처럼 원고와 피고 모두에게 충분히 발언 기회를 주어야 합니다.

[22절] 아무에게나 경솔히[성급히](NASB) 안수하지 말고 다른 사람의 죄에 간섭지[참여하지](KJV, NASB, NIV) 말고 네 자신을 지켜 정결케 하라.

안수는 하나님의 사역자로 온전히 구별하고 축복하는 중요한 의식이므로 성급히 행해서는 안 됩니다. 또한 "다른 이들의 죄에 참여치 말라"(메데 노이노네이 하마르티아이스 알로트리아이스 μηδὲ κοινώνει ἁμαρτίαις ἀλλοτρίαις)는 경고처럼, 우리는 그 어떠한 친분도 죄로 연결되지 않도록 늘 깨어 범죄에 말려들지 않아야 합니다. 마침내 "네 자신을 지켜 정결케 하라"는 권면은, 교리적·윤리적 이단과 도덕적 타락이 만연한 세상에서 법적 깨끗함을 넘어 실제 삶에서도 거룩함을 지키라는 교훈입니다.

[23절] 이제부터는 물만 마시지 말고 네 비위[위]와 자주 나는 병을 인하여 포도주를 조금씩 쓰라.

디모데에게 자주 난 위병 같은 만성적 고난은, 사도 바울의 "가시"(고후 12:7)와 마찬가지로, 영적 은혜를 위한 하나님의 특별한 수단이었습니다. 성도에게 고난은 불행이 아니라, 겸손과 온전함을 이루며 주님만 의지하게 하고, 내세 곧 영원한 천국을 더욱 소망하게 만드는 복된 축복입니다.

[24-25절] 어떤 사람들의 죄는 밝히 드러나 먼저 심판에 나아가고 어떤 사람들의 죄는 그 뒤를 좇나니 이와 같이 선행도 밝히 드러나고 그렇지 아니한 것도 숨길 수 없느니라.

사람의 죄는 이 세상에서 드러나든 마지막 날 "은밀한 모든 일을 선악간에 심판하시는"(전 12:14) 하나님의 공의 앞에 드러나며, 주 예수께서는

"왼손이 하는 것을 오른손이 모르게" 구제할 때조차 보시고 갚으시며(마 6:3-4), "비방하지 아니한 말 한 마디라도 마지막 날… 심판대에서…"(마 12:36)라 경고하셨습니다.

본문의 교훈을 정리해 보면,

1. 장로와 목사를 존중하라

"잘 다스리는 장로들"을 배로 존경하고, 특히 "말씀과 가르침에 수고하는 이들"(딤전 5:17)을 더욱 귀히 여겨야 합니다.

2. 송사는 증인에 근거하라

목사와 장로에 대한 비난이나 고발은 "두세 증인"이 없으면 받지 말라(딤전 5:19; 신 19:15)는 원칙을 지켜 신중히 처리해야 합니다.

3. 사역자는 온전함을 지켜야 한다

"어떤 일에도 편벽되이 하지 말고"(딤전 5:21), "안수는 성급히 하지 말며" "다른 이들의 죄에 참여치 말라"(딤전 5:22)는 지침대로 거룩하고 공정하게 사역에 임해야 합니다.

제6장

"내가 가진 걸로 충분해"

1-10절, 자족하는 마음

[1절] 무릇 멍에 아래 있는 종들은 자기 상전[주인]들을 범사에 마땅히 공경할 자로 알지니 이는 하나님의 이름과 교훈으로 훼방[비방]을 받지 않게 하려 함이라.

사도 바울은 종들은 "각기 자기 주인을 범사에 존경하고 순종"해야 한다고 가르칩니다(딤전 6:1). 종의 위치는 바로 주인을 존경하고 그 지시를 따르는 것이며, 주인은 종을 공의롭게 다스리고 사랑으로 배려해야 합니다. 믿는 종이라면 더욱 주인의 권위를 존중해야 하는데, 이는 종의 잘못이 곧 주인의 이름에 흠이 될 수 있기 때문입니다.

이 교훈은 오늘날 직장이나 어떤 조직에서도 그대로 적용됩니다. 아랫사람은 윗사람을 범사에 존경하며, 불평 없이 기꺼이 지시를 따르는 태도를 견지해야 합니다.

[2] 믿는 상전[주인]이 있는 자들은 그 상전[주인]을 형제라고 경히 여기지 말고 더 잘 섬기게 하라. 이는 유익을 받는 자들이 믿는 자요 사랑을 받는 자임이니라. 너는 이것들을 가르치고 권하라.

믿는 성도인 종은 주인이 믿는 자일 때 그를 형제로 여기지 않고 오히려 더 성실히 섬겨야 합니다. 이는 "유익을 받는 자가 믿는 자"이기 때문입니다. 오늘날 직장이나 조직, 그리고 성도들 사이에서도 서로를 존경하며 섬기는 태도야말로 선하고 아름다운 일입니다. "형제를 사랑하여 서로 우애하며 존경하기를 서로 먼저하라"(롬 12:10).

> [3-5절] 누구든지 다른 교훈을 하며 바른(휘기아이논 ὑγιαινόντων)[건전한] 말 곧 우리 주 예수 그리스도의 말씀과 경건에 관한 교훈에(테 캇 유세베이안 디다스칼리아 τῇ κατὰ εὐσέβειαν διδασκαλίᾳ)[경건에 일치하는 교훈에](KJV, NASB) 착념치 아니하면 저는 교만하여 아무것도 알지 못하고 변론과 언쟁을 좋아하는 자니 이로써 투기와 분쟁과 훼방[비방]과 악한 생각이 나며 마음이 부패하여지고 진리를 잃어버려 경건을 이익의 재료로 생각하는 자들의 다툼이 일어나느니라. [너는 그런 자들로부터 떠나라](전통 본문).

본문은 "바른 말" 곧 "우리 주 예수 그리스도의 말씀과 경건에 관한 교훈"과, "다른 교훈" 곧 사욕을 좇아 변론과 말싸움을 일삼는 교만한 가르침을 대조합니다. "다른 교훈을 하며 바른 말에 착념치 아니"하는 자는 "교만하여 아무 것도 알지 못하며… 변론과 말싸움과 분쟁을 일으켜 사람들의 마음을 썩게 하"며, "경건을 이익의 수단"으로 잘못 이해합니다(딤전 6:3-5).

야고보도 "싸움과 다툼이 어디서 나느냐? 너희 정욕이 지체 안에서 싸움하기 때문이 아니냐… 너희가 욕심을 내되 얻지 못하고… 다투고 싸우느니라"(약 4:1-2)라고 경고합니다.

결국 바울은 "그런 자들로부터 떠나라"고 명합니다. 악한 교훈과 분쟁에 연루되지 말고, 오직 하나님의 진리인 "바른 말"에 굳게 머물러야 합니다.

[6-8절] 그러나 지족(知足)하는 마음이 있으면 경건이 큰 이익이 되느니라. [이는] 우리가 세상에 아무것도 가지고 온 것이 없으매 또한 [분명히] 아무것도 가지고 가지 못하리니[못할 것임이니] 우리가 먹을 것과 입을 것이 있은즉 족한 줄로 알 것이니라.

성도는 "자족함" 곧 "하나님께서 주신 처지에 감사하며 만족"하는 마음을 가져야 합니다. 이는 "경건은 범사에 유익하니 금생과 내생에 약속이 있느니라"(딤전 4:8)는 진리와, "너희는 먼저 하나님의 나라와 그의 의를 구하라… 이 모든 것을 너희에게 더하시리라"(마 6:33)는 약속 위에 서는 삶입니다. 빈손으로 와서 빈손으로 가는 인생을 기억하며 "오직 필요한 양식으로 내게 먹이시옵소서"(잠 30:8)라 기도하듯, 하나님만 의지하며 염려 없이 자족하는 것이 참된 그리스도인의 생활 원리입니다.

[9절] [그러나] 부하려 하는 자들은 시험과 올무와 여러 가지 어리석고 해로운 정욕[욕망]에 떨어지나니 곧 사람으로 침륜[파멸]과 멸망에 빠지게 하는 것이라.

세상을 사는 많은 이들이 더 갖고자 하는 **탐심**에 빠집니다. 그러나 "부하려 하는 자들은 시험과 올무와 여러 가지 어리석고 해로운 정욕에 떨어지나니… 돈을 사랑함이 일만 악의 뿌리가 되나니 이것을 사모하는 자들이… 많은 근심으로 자기를 찔렀도다"(딤전 6:9-10)고 바울은 경고합니다. 심지어 신자라도 탐심에 빠지면 하나님의 복이 아닌 파멸의 길로 나아가고 말 것입니다.

[10절] [이는] 돈을 사랑함이 일만[모든] 악의 뿌리가 되나니[됨이니] 이것을 사모하는 자들이 미혹을 받아 믿음에서 떠나 많은 근심[고통]으로써 자기를 찔렀도다.

탐심과 돈 사랑은 "일만 악의 뿌리"(딤전 6:10)로, "욕심이 잉태한즉 죄를 낳"아(약 1:15) 공직 부패, 윤락, 인신매매·살해 등 온갖 범죄를 불러옵니다. 성도라 해도 돈 사랑에 미혹되면 "믿음에서 떠나 많은 고통으로"(딤전 6:10) 자기를 찌르게 됩니다. "너희가 하나님과 재물을 겸하여 섬기지 못하느니라"(마 6:24) 하신 예수님의 말씀처럼, 돈을 하나님보다 더 사랑하는 것은 우상숭배(골 3:5)이며, 진정한 제자는 오직 하나님만 섬겨야 합니다.

본문의 교훈을 정리해 보면,

사도 바울은 디모데에게 디모데전서 6장에서 세 가지 핵심 교훈을 전합니다.

1. 자기 위치를 지킬 것

"무릇 멍에 아래 있는 종들은 자기 상전들을 범사에 마땅히 공경할 자로 알라"(딤전 6:1). 오늘날 직장이나 공동체에서도 아랫사람은 윗사람을 존경하고 도우며 그 지시에 순종해야 하고, 윗사람은 공정과 배려로 아랫사람을 섬겨야 합니다.

2. 항상 자족하는 마음을 가질 것

"우리로 세상에 아무것도 가지고 온 것이 없으매… 먹을 것과 입을 것이 있은즉 족한 줄로 알 것이니라"(딤전 6:7-8). 우리는 빈손으로 이 땅에 왔다가 빈손으로 돌아갈 것이니, 하나님께서 우리의 의식주를 공급하실 것을 믿고 감사하며, 필요한 만큼으로 만족하며 살아야 합니다.

3. 부하려 하거나 돈을 사랑하지 말 것

"부하려 하는 자들은 시험과 올무와 여러 가지 어리석고 해로운 욕심에 떨어져…

파멸과 멸망에 빠지게 하고, 돈을 사랑함이 일만 악의 뿌리가 되어… 믿음에서 떠나 많은 고통으로 자기를 찌르느니라"(딤전 6:9-10). "한 사람이 두 주인을 섬기지 못하리니… 너희가 하나님과 재물을 겸하여 섬기지 못하느니라"(마 6:24). 우리는 오직 하나님만을 섬기고, 돈을 주인 삼지 않아야 합니다.

11-16절, 다섯 가지 명령

[11-12절] 오직 너 하나님의 사람아, 이것들을 피하고 의와 경건과 믿음과 사랑과 인내와 온유를 좇으며 믿음의 선한 싸움을 싸우라. 영생을 취하라[굳게 붙들라](KJV, NASB, NIV). 이를 위하여 네가 부르심을 입었고 많은 증인 앞에서 선한 증거를 증거하였도다.

사도 바울은 하나님의 사람 디모데에게 네 가지 명령을 내립니다:

1. 돈 사랑을 피하라

"돈 사랑이 일만 악의 뿌리가 되나니… 많은 근심으로 자기를 찌르느니라"(딤전 6:10). 성도의 신앙생활을 파괴하는 탐욕을 버리고, "경건과 자족함을… 취하라"(딤전 6:6-8) 하신 말씀에 순종해야 합니다.

2. 의와 경건과 믿음과 사랑과 인내와 온유를 좇으라

"너는 의와 경건과 믿음과 사랑과 인내와 온유를 좇아라"(딤전 6:11). 이는 하나님의 계명에 합당하게 행하며, 하나님을 두려워하고 순종하는 경건, 말씀을 믿는 믿음, "사랑은 오래 참고 온유하다"(고전 13:4)는 사랑과, 고난 중에도 굳건히 견디는 인내와 온유를 삶의 방식으로 삼으라는 뜻입니다.

3. 믿음의 선한 싸움을 싸우라

"믿음의 선한 싸움을 싸우라"(딤전 6:12). 신앙생활은 영적 전쟁이며, 매일 죄성과 세상과 사탄의 시험을 이겨 내는 싸움입니다. 넘어짐과 회개를 통해 성장하며 결국 승리의 기쁨을 누해야 합니다.

4. 영생을 굳게 붙들라

"영생을 굳게 붙잡아라"(딤전 6:12). "죄에서 해방되어… 거룩함에 이르는 열매를 얻었나니 이 마지막은 영생이라"(롬 6:22). 복음의 핵심인 영생의 소망(요 3:16)을 확신하며, 굳건한 믿음으로 끝까지 견디는 자가 되어야 합니다.

> [13-14절] 만물을 살게 하신 하나님 앞과 본디오 빌라도를 향하여 선한 증거로 증거하신 그리스도 예수 앞에서 내가 너를 명하노니 우리 주 예수 그리스도 나타나실 때까지 점도 없고 책망 받을 것도 없이 이 명령을 지키라.

사도 바울은 "만물을 살게 하신 하나님"(딤전 6:13)—모든 생명의 근원이시며 죽은 자도 다시 살리실 주—앞과, 빌라도 앞에서 "스스로 하나님의 아들 그리스도"임을 증거하신 예수 그리스도(딤전 6:14) 앞에서 엄숙히 권면합니다. 우리 모두는 그 재림 때까지 네 가지를 실천해야 합니다. 첫째, "돈을 사랑하지 말라"(딤전 6:10); 둘째, "의와 경건과 믿음과 사랑과 인내와 온유를 좇으라"(딤전 6:11); 셋째, "믿음의 선한 싸움을 싸우라"(딤전 6:12); 넷째, "영생을 굳게 잡으라"(딤전 6:12). 이 네 가지를 범사에 지킴으로써 우리는 "점도 없고 책망받을 것이 없는" 온전한 자로 서게 될 것입니다. 영생을 약속하신 이에게 굳게 붙드는 자들에게는, "그를 믿고 의지하며 그 안에 거하는 자에게는 영원한 생명이 있다"(요 6:47)는 축복이 함께합니다.

[15-16절] 기약이 이르면 하나님이[께서] 그의 나타나심을 보이시리니 하나님은[께서는] 복되시고 홀로 한 분이신 능하신 자이며 만왕의 왕이시며 만주의 주시요 오직 그에게만 죽지 아니함이 있고 가까이 가지 못할 빛에 거하시고 아무 사람도 보지 못하였고 또 볼 수 없는 자시니 그에게 존귀와 영원한 능력을 돌릴지어다. 아멘.

하나님의 시간표에서 마지막 대사건은 예수 그리스도의 재림—성경이 '그의 오심' 혹은 '그의 나타나심'이라 표현하는 순간—입니다. 그때 세계 역사는 완성되고, 죽은 자들의 부활과 의인·악인 구분을 위한 심판이 있으며, 우리 구원은 "장차 우리에게 나타날 영광"(롬 8:18)으로 완성됩니다.

사도 바울은 이 재림을 선포하며 네 가지 하나님의 속성을 강조합니다.

첫째, "복되시고 홀로 한 분이신 능하신 자"(딤전 6:15) 곧 주권자(뒤나스테스 δυνάστης)이신 하나님은 우주 만유의 유일한 통치자이십니다.

둘째, 오직 하나님께는 "죽지 아니함이 있"으시며(딤전 6:16) 생명의 근원이자 생명 자체로서, 스스로 계신 여호와이십니다.

셋째, 하나님은 "아무 사람도 가까이 가지 못할 빛"(딤전 6:16) 곧 초월적·완전한 거룩과 영광의 빛 가운데 거하십니다. 그 빛 앞에서는 인간이 감당할 수 없으며, 그분이 도덕적 완전성이 빛으로 드러납니다.

넷째, 하나님은 "아무 사람도 보지 못하였고… 볼 수 없으신" 영이시나 (요 4:24), 인격적 존재이시며, 그를 아는 것이 "영생"(요 17:3)임을 사도는 증거합니다.

이 모든 진리를 붙들고, 우리의 신앙은 그 재림 때까지 흔들림 없이 이어져야 합니다.

[17-18절] 네가 이 세대에 부한 자들을 명하여 마음을 높이지 말고 정함이 없는(아델로테스 ἀβεβαιότης)[불확실한] 재물에 소망을 두지 말고 오직 우리에게 모든 것을 후히 주사 누리게 하시는 [살아계신](전통 본문) 하나님께 두며 선한 일을 행하고 선한 사업에 부하고 나눠주기를 좋아하며 동정하는[후한, 너그러운] 자가 되게 하라.

사도 바울은 디모데에게 다섯째로 부자들에게 네 가지를 명합니다.

첫째, **마음이 교만해지지 말라**

"네가 먹어 배불리고… 네 은금이 증식되며 네 소유가 다 풍부하게 될 때에… 네 마음이 교만하여 네 하나님 여호와를 잊어버릴까 하노라"(신 8:12-14). 부유함은 교만의 시험이므로, "일용할 양식으로 만족"(잠 30:8)하는 겸손을 지켜야 합니다.

둘째, **불확실한 재물에 소망을 두지 말라**

"부자 되기에 애쓰지 말라… 재물은 날개를 내어 하늘의 독수리같이 날아가리라"(잠 23:5). 인생은 예기치 않은 화재·사고·질병으로 한순간에 모든 재산을 잃을 수 있기에, 허무한 재물에 마음을 묶어서는 안 됩니다.

셋째, **오직 살아계신 하나님께 소망을 두라**

"우리에게 모든 것을 후히 주사 누리게 하시는 살아계신 하나님께 소망을 두라"(딤전 6:17). 영적·육적 필요를 공급하시는 목자 하나님께만 의지하며, 일시적인 세상 것 위에 서지 말아야 합니다(시 23:1).

넷째, **선한 일에 부하고 관대하라**

"전도와 구제의 일에 부유하여… 선한 사업에 부하고 나눠주기를 좋아하며 너그러운 자가 되라"(엡 2:10; 딛 2:14). 성경은 의인이 아끼지 않고 구제한다(잠 21:26)고 말하며, 초대교회처럼 서로 나누고 돌보는 삶을 본받아야 합니다(행 2:45).

이 네 가지를 지키는 것은, 부유함이 아니라 "하나님을 섬기는 자에게 유익"(잠 28:20)이며, 성도의 참된 부요함이 무엇인지 분별하게 합니다.

[19절] 이것이 장래에 자기를 위하여 좋은 터를 쌓아 참된[영원한] 생명을 취하는 것이니라.

성도의 **선한 행실**은 영원한 생명을 향한 확실한 기초입니다. 예수께서는 "나의 말을 듣고 행하는 자는 반석 위에 집을 지은 지혜로운 사람 같으니… 어떠한 홍수에도 무너지지 아니하리라"(마 7:24-25)고 하셨습니다. 반면 "행함이 없는 믿음은 그 자체가 죽은 것이라… 행함이 없는 믿음은 죽은 것이니라"(약 2:17, 26).

믿음은 선행을 동반할 때 비로소 그 진실함이 드러나고, "이 일을 힘써 수행하면… 장차 우리에게 주실 영생을 확실히 얻으리라"(벧후 1:10-11)고 약속하십니다. 우리는 하나님의 은혜로 구원받았지만, 선한 행실을 통해 그 구원의 확신을 굳게 세워야 합니다.

[20절] 디모데야, 네게 부탁한 것을 지키고 거짓되이 일컫는 지식의 망령되고 허한 말과 변론을 피하라.

사도 바울은 젊은 목사 디모데에게 그의 서신에 기록된 **모든 교훈을 있는 그대로 믿고 지킬 것**을 부탁합니다. 이것이 곧 **보수 신앙**—성경에 기록된 하나님의 모든 말씀을 그대로 믿고 그대로 지키는 길—이며, 패역한 세대 속에서 우리가 붙들어야 할 **바른 길**입니다.

반면, 세상과 교회 안에는 '거짓되이 일컫는 지식'—참된 지식이 아닌, 망령되고 헛된 말과 변론을 일으키는 지식—이 넘쳐납니다. 우리는 그러한 허망한 말과 변론을 멀리하고, 오직 **신앙과 생활에 유익한 성경적 교훈의 지식**만을 굳게 붙들어야 합니다.

[21절] 이것을 좇는 사람들이 있어 믿음에서 벗어났느니라. 은혜가 너희와 함께 있을지어다[너와 함께 있을지어다. 아멘].

교회 안에도 성경적 진리에서 이탈하여 헛된 지식과 이단 사설을 좇는 자들이 있습니다. 이들은 하나님의 백성이 아니라 사탄의 도구로서, 참된 믿음인 성경적 믿음을 떠난 사람들입니다. 그러므로 우리는 그들과 달리, 사탄의 유혹에 넘어가지 않고 성경에 기록된 말씀대로 믿고 행하는 보수 신앙을 굳게 지켜야 합니다.

본문의 교훈을 정리해 보면,

사도 바울은 디모데에게 다음과 같이 명하면서 우리에게도 동일한 교훈을 전합니다.

첫째, "돈 사랑은 모든 악의 뿌리"(딤전 6:10)이므로 성도는 재물에 대한 욕심을 버리고, "먹을 것과 입을 것이 있은즉 족한 줄 알 것이라"(딤전 6:8)고 하신 대로 자족하는 삶을 살아야 합니다.

둘째, "의와 경건과 믿음과 사랑과 인내와 온유를 좇아라"(딤전 6:11)는 명령에 순종하여, 하나님 앞에 합당한 도덕적 인격과 경건을 삶의 목표로 삼아야 합니다.

셋째, "믿음의 선한 싸움을 싸우라"(딤전 6:12) 하신 것처럼, 이 영적 전쟁터에서 말씀과 기도로 무장하여 죄와 사탄의 시험에 흔들리지 않는 승리의 삶을 이어 가야 합니다.

넷째, "영생을 굳게 붙잡아라"(딤전 6:12) 하신 약속은, 우리를 부르신 하나님께서 예수 그리스도 안에서 주신 은혜와 구원의 확신이며, 그 소망이야말로 성도의 신앙생활을 이끄는 복된 목표입니다.

다섯째, 부유한 자들에게는 "마음이 교만해지지 말고… 오직 우리에게 모든 것을 후히 주사 누리게 하시는 살아계신 하나님께 소망을 두라"(딤전 6:17), "선한 일을 행하고 선한 사업에 부하고 나눠주기를 좋아하며 너그러운 자가 되라"(딤전 6:18)고 권면하십니다. 이는 신앙의 증표로서 구원의 확신을 더욱 굳건케 할 것입니다.

제7장

요약 및 묵상 가이드

1. 핵심 구절 5개 선정·해설

1) "내가 간구함은 이것이니 곧 사랑으로 정결하고 양심에 거리낌이 없으며 참 믿음에서 난 경건을 목표로 삼게 하려 함이라."(1:5)
- **핵심 의미:** 바울이 "허탄한 논쟁" 대신 추구해야 할 세 가지(사랑·양심·믿음)를 제시합니다. 목회 사역의 최종 목표가 '진정한 경건'임을 일깨워 주는 구절입니다.

2) "또 교사 직분을 원하나, 교사가 될 자는 충고를 가감 없이 말할 줄 알고, 믿음에 대한 확신과 선한 양심을 가져야 하리니…"(1:7)
- **핵심 의미:** 교사(·전도자)가 가져야 할 기본 자질—'분명한 가르침', '믿음의 확신', '선한 양심'을 강조합니다. 사역 준비의 출발점을 보여 줍니다.

3) "그러므로 내가 첫째로 권하노니 모든 사람을 위하여 간구와 기도와 도고와 감사를 하되…"(2:1)
- **핵심 의미:** 공동체를 향한 영적 실천의 시작점으로 '기도'를 꼽습니다. 목회서신답게 기도생활의 중요성을 최우선 순위에 둔 지침입니다.

4) "그러나 너는 하나님 집 교훈을 지키라. 이는 교회가 살아계신 하나님의 집 곧 진리의 기둥과 터이기 때문이라."(3:15)
- **핵심 의미**: '교회'를 가리켜 '진리의 기둥과 터(기반)'라고 칭합니다. 목회자·성도가 성경 진리를 굳건히 붙들고 지켜야 할 이유를 명료하게 설명합니다.

5) "경건함이 유익하되 자족함이 유익함이니라. 자족함을 배우는 자에게는 큰 이익이 있느니라."(6:6-8 중 6절)
- **핵심 의미**: 목회 사역만이 아니라 신앙인의 삶 전체를 관통하는 '자족(아우타르케이아 αὐτάρκεια)'의 미덕을 일깨워 줍니다. 물질·욕망으로부터 자유로워야 진정한 영적 성숙이 가능함을 강조합니다.

2. 장별 적용 질문

1) 제1장 "가짜 교훈은 그만!"
- 나는 일상에서 어떤 헛된 논쟁이나 과도한 정보에 시간을 빼앗기고 있나요?
- 진짜 중요한 '경건'과 '사랑'에 더 집중하려면, 이번 주에 어떤 행동을 실천할 수 있을까요?

2) 제2장 "기도로 시작, 선행으로 이어 가기"
- 내 일상 루틴 중 가장 먼저 드리는 것은 무엇인가요? (예: SNS, 뉴스, 기도 중)
- "모든 사람을 위해 기도하라"는 권면을 실천하기 위해, 이번 주에 3

가지 구체적 기도 제목과 선행 계획을 세워 보세요.

3) 제3장 "리더 자격, 이 정도는 알고 가자"
- 내가 속한 모임이나 팀에서, 내가 지키고 있는 '책임과 자격 요건'은 무엇인가요?
- 리더로서 나의 강점과 약점은 무엇이고, 약점을 보완하기 위해 어떤 훈련(학습·멘토링·멘토링)을 시작할 수 있을까요?

4) 제4장 "목사도 자기 관리가 필수!"
- 내 영적·신체적 건강을 위해 현재 하고 있는 습관이 있나요?
- 개선이 필요하다면, 구체적으로 어떤 새로운 루틴(묵상 시간, 운동, 수면)부터 시작할 것인지 적어 보세요.

5) 제5장 "교회 가족 돌봄 가이드"
- 내 주변에 '돌봄이 필요한 한 사람'을 떠올려 보세요.
- 그분을 위해 이번 주에 어떤 실질적 지원(식사 대접, 기도 동행, 안부 문자)을 계획할 것인지 구체적으로 작성해 보세요.

6) 제6장 "내가 가진 걸로 충분해"
- 오늘 내가 감사할 만한 '내 소유 세 가지(재능·시간·물질)'를 적어 보세요.
- 그 선물들을 어떻게 나누거나 활용해 "Generation Impact"를 일으킬 수 있을지 아이디어를 세 가지 써 보세요.

3. 짧은 묵상과 기도문

"주님, 제가 쉽게 휩쓸리는 헛된 말과 정보에서 벗어나,
오직 당신의 말씀으로 제 마음을 다듬게 하소서.
주어진 작은 것에도 감사하며,
제 삶이 '진리의 기둥'이 되고 '좋은 일꾼'으로 세워지기를 원합니다."

"사랑의 하나님,
이 말씀으로 제 삶을 돌아봅니다.
허탄한 말이 아닌, 오직 당신의 음성에 귀 기울이고 순종하게 하시며,
제가 맡은 자리에서 부끄럼 없는 일꾼으로 섬기게 하소서.
제 삶 속에 풍성한 감사와 기도로 채워 주시고,
어려운 때에도 굳건히 서서 'Generation Impact'를 만드는 도구로 사용하여 주시옵소서.
예수 그리스도의 이름으로 기도합니다. 아멘."

Part II

디모데 후서

◆ 개관 ◆

사도 바울이 디모데에게 남긴 마지막 편지, 바로 **디모데 후서**입니다.

"바울이 진짜 쓴 글인지?" 의문 없이 받아들여진 건 3세기 초 터툴리안 (《On Prescription Against Heretics》 25)이 "확실히 사도 바울의 글"이라고 인용한 덕분이죠.

• 언제 쓰였을까?

기록상 주후 **67년 가을**이나 **68년 봄**으로 추정됩니다.

이때 바울은 이미 두 번째 로마 감옥에 갇혀 있었고, 사형을 앞둔 절체절명의 상황(딤후 4:6, 빌 1:25)을 맞닥뜨린 상태였습니다.

동료들도 거의 떠난 뒤(딤후 4:10-11; 골 4:10, 14), 디모데에게 마지막 조언을 건넨 게 바로 이 편지입니다.

• 왜 읽어야 할까?

디모데 전서·후서·디도서 등 '목회서신' 중에서도 **유언과도 같은** 이 글은, 앞으로 닥칠 **험난한 시대**에 "진리를 수호"하고 "좋은 일꾼"으로 사명을 다하라고 권면합니다.

교회 초대 리더들은 로마서 다음, 이 목회서신들을 성경 맨 뒤에 배치해 두었는데, "가장 절실한 말씀"이기 때문이죠.

바울이 마지막 순간까지 디모데에게 건넨 **불꽃 같은 조언들**

지금부터 함께 살펴보며, 오늘의 우리 삶에도 그대로 적용할 '생존 키워드'를 찾아보시죠!

디모데후서의 각 장의 주요 내용은 다음과 같습니다.

제1장 "진리 수호 대작전"
제2장 "굿 워커로 레벨 업"
제3장 "어려운 시대, 살아남기"
제4장 "설교자의 미션 임파서블?"
제5장 요약 및 묵상 가이드

"진리 수호 대작전"

1-11절, 복음을 위해 고난을 받으라

[1-2절] 하나님의 뜻으로 말미암아 그리스도 예수 안에 있는 생명의 약속대로 그리스도 예수의 사도된 바울은 사랑하는 아들 디모데에게 편지하노니 하나님 아버지와 그리스도 예수 우리 주께로부터 은혜와 긍휼과 평강이 네게 있을지어다.

사도 바울은 자신이 "하나님의 뜻과 예수 그리스도의 부르심으로 사도가" 되었다고 고백합니다(딤전 1:1). 이는 하나님께서 그분의 주권적 섭리로 원하시는 자들을 택하여 일꾼으로 부르신다는 진리를 보여 줍니다(막 3:13-14).

바울이 전하는 복음의 핵심은 "그리스도 예수 안에 있는 생명의 약속"입니다(딤전 1:1). 예수님 안에 "생명이 있고"(요 1:4), "부활이요 생명"(요 11:25) 되시며, "영생의 떡"(요 6:35, 48)과 "영생을 주시는" 분(요 10:28)임을 증언합니다. 그분은 십자가에서 사망을 폐하시고 "생명과 썩지 아니할 것을 복음으로 드러내셨습니다"(딤전 1:10).

바울은 디모데를 "사랑하는 아들"이라 부르며(딤전 1:2), 그가 믿음 안에서 그의 참된 영적 자녀임을 확인합니다. 또한, "하나님과 주 예수 그리스도께로부터 은혜와 긍휼과 평강"이 디모데에게 늘 함께하기를 기원합니다(딤전 1:2). 우리는 이 은혜로 구원을 얻었고, 긍휼로 날마다 죄 씻음을 경험하며, 평강으로 마음과 몸과 환경의 안식을 누립니다.

[3-5절] 나의 밤낮 간구하는 가운데 쉬지 않고 너를 생각하여 청결한 양심으로 조상 적부터 섬겨 오는 하나님께 감사하고 네 눈물을 생각하여 너 보기를 [간절히] 원함은 내 기쁨이 가득하게 하려 함이니 이는 네 속에 거짓이 없는 믿음을 생각함이라. 이 믿음은 먼저 네 외조모 로이스와 네 어머니 유니게 속에 있더니 네 속에도 있는 줄을 확신하노라.

사도 바울은 깨끗한 양심으로 밤낮 하나님을 섬기며 기도하면서, 늘 디모데를 기억하며 감사했습니다. 그는 특히 디모데가 흘린 진실한 눈물을 떠올리며 그를 직접 만나기를 간절히 사모했는데, 그 눈물은 회개와 감사, 그리고 잃어 가는 영혼을 향한 불쌍히 여기는 마음이 담긴 믿음의 표현이었습니다.

디모데의 이 같은 참된 믿음은 가정에서 뿌리내렸습니다. 그의 외할머니 로이스와 어머니 유니게가 본을 보인 경건이 디모데에게 전해진 결과, 경건한 가정교육이 한 사람의 신앙을 견고히 세우는 중요성을 여실히 보여 줍니다.

[6-8절] 그러므로 내가 나의 안수함으로 네 속에 있는 하나님의 은사를 다시 불일 듯하게 하기 위하여 너로 생각하게 하노니 [이는] 하나님이[께서] 우리에게 주신 것은 두려워하는 마음[심령]이 아니요 오직 능력과 사랑과 근신하는[혹은 '신중한'] 마음이니[심령임이니] 그러므로 네가 우리 주의 증거와 또는 주를 위하여 갇힌 자된 나

를 부끄러워 말고 오직 하나님의 능력을 좇아 복음과 함께[복음을 위해 (나와) 함께] (NASB, NIV) 고난을 받으라.

사도들의 안수에는 성령의 은사가 동반되었습니다. 사도 베드로와 요한이 사마리아 교인들을 위해 안수했을 때 성령께서 그들에게 임하셨고(행 8:17), 바울이 디모데에게 안수했을 때도 하나님께서 그에게 '권능과 사랑과 근신하는 마음의 은사'를 부어 주셨습니다(딤후 1:6-7). 디모데는 이 은사를 "다시 불일 듯하게"(딤후 1:6) 하여 복음 사역에 필요한 열정과 충성을 되살려야 했습니다. 오늘날 모든 목회자와 사역자도 두려움 대신 하나님이 주신 능력과 사랑과 절제하는 마음으로 주의 일에 힘써야 합니다.

복음을 위하여 고난을 당하는 것을 부끄러워하지 않는 것도 이 은사의 열매입니다. 디모데는 "하나님의 능력을 좇아"(딤후 1:7) 주 예수 그리스도와 바울이 옥에서 겪은 고난을 기꺼이 함께하며, 복음 때문에 조롱과 핍박을 당해도 그의 증언을 굳게 지키라고 권면받았습니다. 이는 예수님께서 "이 음란하고 죄 많은 세대에서 나와 내 말을 부끄러워하면… 그를 부끄러워하리라"(막 8:38)고 경고하시고, "나를 인하여 너희를 욕하고 핍박할 때에… 너희에게 복이 있나니… 너희의 상이 크다"(마 5:11-12)고 약속하신 것과도 일치합니다. 사도 바울 역시 "내가 복음을 부끄러워하지 아니하노니… 하나님의 능력"이라 선포했습니다(롬 1:16), 그리고 믿음의 선진들이 많은 고난을 견뎌 냈음을 기억하며 우리도 그 믿음의 본을 따라야 합니다(히 11:36-37).

[9절] 하나님이[께서] 우리를 구원하사 거룩하신 부르심으로 부르심은 우리의 행위대로 하심이 아니요 오직 자기 뜻과 영원한 때 전부터 그리스도 예수 안에서 우리에

게 주신 은혜대로 하심이라.

사도 바울은 "하나님의 뜻과 그가 주신 은혜"(딤전 1:9)가 구원의 유일한 근거임을 강조합니다. 우리의 부르심은 우리 행위의 공로가 아니라, "영원한 때 전부터" 그리스도 예수 안에서 택하신 하나님의 목적과 은혜에서 비롯되었습니다. 이 은혜에는 예수 그리스도의 십자가 대속 사역이 포함되어 있어, 그분께서 우리의 죄를 담당하시고 우리를 의롭다 선언하심으로써 구원이 완성됩니다. 따라서 모든 성도는 자신의 공로가 아닌 전적으로 하나님의 구속 계획과 그리스도의 대속을 믿고 붙들어야 합니다.

[10절] 이제는 우리 구주 그리스도 예수의 나타나심으로 말미암아 나타났으니 저는 사망을 폐하시고 복음으로써 생명과 썩지 아니할 것을 드러내신지라.

하나님의 구원의 은혜는 구주 예수 그리스도의 **나타나심**으로 구체화되었습니다. "말씀이 육신이 되어 우리 가운데 거하시매… 은혜와 진리가 충만하더라"(요 1:14). 하나님을 본 자가 아무도 없으나 "아버지 품속에 있는 독생하신 하나님이 나타내셨느니라"(요 1:18). 디모데전서도 "그리스도께서는 육신으로 나타나셨고"(딤전 3:16)라 증언합니다.

이 나타나심의 목적은 죄인들을 향한 하나님의 **은혜**를 드러내기 위함이었습니다. "보라, 세상 죄를 지고 가는 하나님의 어린양이로다"(요 1:29). 예수님의 십자가 죽음과 삼일 만의 부활은 이 은혜를 확증합니다. 그분은 죽음을 이기시고 "복음으로써 생명과 썩지 아니할 것을 드러내셨"으며(딤전 1:10), "죽은 자 가운데서 다시 살아 잠자는 자들의 첫 열매"(고전 15:20)이자, "아담 안에서 모든 사람이 죽은 것같이 그리스도 안에서 모든 사람이 삶을 얻으리라"(고전 15:22)는 희망의 근원이 되셨습니다.

[11절] 내가 이 복음을 위하여 반포자와[이방인들의](전통 본문) 사도와 교사로 세우심을 입었노라.

하나님의 구원의 복음은 사도들의 설교와 증거를 통해 교회 안에 뿌려졌고, 그 열매는 사도 바울을 통해 더욱 확장되었습니다. 바울은 "이방인들의 사도"(롬 11:13)이자 복음의 "반포자"(고전 9:16)로 부르심을 받아, 로마서·고린도전·후서·갈라디아서 등 13-14통의 서신을 기록했습니다.

오늘날 우리도 혼란스럽고 다양한 신학 사상들이 범람하는 시대에, 이 사도들의 교훈—특히 복음의 진리를 명확히 다룬 로마서와 갈라디아서—을 통해 하나님의 구원의 복음을 바르게 이해해야 합니다. 그 서신들을 읽고 묵상할 때, 우리는 '믿음으로만 의롭다 함을 얻는 복음'(롬 3:28)과 '율법이 아닌 은혜 가운데 자유를 얻는 진리'(갈 5:1)를 분명히 깨달아, 오늘의 신앙 여정에 흔들림 없는 확신과 지침을 얻을 수 있을 것입니다.

본문의 교훈을 정리해 보면,

사도 바울의 가르침을 통해 본 본문의 핵심 교훈은 다음과 같습니다.

첫째, "예수 그리스도 안에 생명의 약속이 있다"(딤전 1:1). 예수님은 "부활이요 생명"(요 11:25)이시며, "영생의 물"(요 4:14)과 "생명의 떡"(요 6:35, 48, 51)이 되십니다. 그를 아는 것이 곧 영생(요 17:3)이며, 그를 믿는 자마다 영원한 생명을 받습니다(요 3:16; 20:31). 우리는 믿음으로 이미 "죄사함과 의롭다 하심과 영원한 생명"(롬 5:1; 요 5:11-12)을 얻었습니다.

둘째, 우리의 구원은 "사람의 행위"가 아니라 "하나님의 뜻과 영원한 때부터 우리에게 주신 은혜"에 근거합니다(딤전 1:9). "너희가 그 은혜를 인하여 믿음으로 말미암아 구원을 얻었나니… 하나님의 선물"(엡 2:8-9)입니다. 창세 전 선택과 그리스도의 십자가 속죄, 성령의 인치심은 모두 값없이 주신 하나님의 은혜입니다.

셋째, 우리는 "복음을 위하여 함께 고난을 받아야" 합니다(딤전 1:8). "우리 주의 증거와… 주를 위하여 갇힌 자 된 나를 부끄러워 말고 오직 하나님의 능력을 좇아"(딤전 1:8) 십자가의 복음을 위해 기꺼이 고난에 동참함으로, 진정한 믿음의 증인이 되어야 합니다.

12-18절, 바른 말씀을 지키자
[12절] 이를 인하여 내가 또 이 고난을 받되 부끄러워하지 아니함은 나의 의뢰한 자를 내가 알고 또한 나의 의탁한 것을 그 날까지 저가 능히 지키실 줄을 확신함이라.

사도 바울이 겪은 옥중 고난은 "복음을 위해 전파자와 이방인들의 사도와 교사"로 부르심을 받은 결과였습니다. 사탄과 세상은 복음 전파를 가장 미워하기에, 하나님 나라를 위해 나아가는 길은 늘 고난을 동반합니다.

그럼에도 바울은 이 고난을 부끄러워하지 않았습니다. 그는 자신이 "의뢰"한 하나님과 주 예수 그리스도께서, "그날까지"—그리스도의 재림과 최후 심판 때까지 그의 생명과 복음 사역, 그리고 그가 세운 교회들까지도 보호하시고 구원하실 것을 확신했기 때문입니다.

바울이 고난을 기쁨으로 견딜 수 있었던 이유는, 하나님이 **공의로우시고, 사랑이 풍성**하며, **전능**하신 분임을 알았기 때문입니다. 그러므로 우리는 어떤 어려움 앞에서도 두려워하거나 부끄러워할 필요 없이, 오직 하나님의 명령에 순종하며 남은 일은 다 그분의 손에 맡기고 담대히 나아갈 수 있습니다.

[13-14절] 너는 그리스도 예수 안에 있는 믿음과 사랑으로써 내게 들은 바 바른 말을 본받아[바른 말들의 개요를] 지키고[가지고 있으라. 또] 우리 안에 거하시는 성령으로 말미암아 네게 부탁한 아름다운 것을 지키라.

사도 바울은 디모데에게, "그리스도 예수 안에 있는 믿음과 사랑으로써 네게 부탁한 바른 말씀들의 핵심을 굳게 지키라"고 권면합니다. 이는 그가 디모데에게 주신 "아름다운 전도의 직무"(딤전 1:11)를 충실히 완수하라는 뜻입니다. 그 직무를 수행하는 원동력은 바로 "우리 안에 거하시는 성령"이십니다. 성령께서는 예수님을 믿는 순간 우리 속에 들어오셔서(엡 1:13; 요 14:16-17) 거룩한 마음을 주고, 위로와 힘을 부어 주시는 분입니다. 디모데는 이 성령의 도우심을 의지하여, 바른 말씀을 수호하고, 복음 전파라는 아름다운 사명을 끝까지 감당해야 합니다.

[15절] 아시아에 있는 모든 사람이 나를 버린 이 일을 네가 아나니 그 중에 부겔로와 허모게네가 있느니라.

사도 바울은 자신을 따르고 지지하는 자만 있는 것이 아님을 디모데에게 상기시킵니다. "모든 사람"(딤전 4:10)이란 표현은 문자 그대로가 아니라 대략적인 의미로, 아시아 여러 지역에 사도 바울을 반대하거나 외면한 이들이 많았음을 가리킵니다. 대표적으로 부겔로와 허모게네가 그를 버렸습니다.

이처럼 복음 전파의 길은 결코 평탄치 않았습니다. 바울이 전한 복음을 많은 이들이 받아들였으나, 복음의 "어려운 말"을 듣고 떠나는 자들도 있었습니다(요 6:60). 예수님이 제자들에게 "너희도 가려느냐?"라고 물었을 때, 시몬 베드로만이 "주여, 영생의 말씀이 계시므로 우리가 뉘게로 가오리이까?"라고 고백했듯이(요 6:67-69), 진리 앞에 남는 자는 극소수였습니다.

사람들의 반대와 외면은 복음을 "부드럽고 포용적으로" 전하려는 유혹과 타협에 맞서, 바른 지식과 행동을 고수해야 함을 보여 줍니다. 의와 불의, 진리와 비진리는 절대로 타협할 수 없기 때문입니다.

구약의 에스라와 느헤미야가 포로 귀환 이후에도 이방 관습과 적당히 타협하려는 백성을 개혁하기 위해 단호히 하나님의 율법을 적용했던 것처럼(스 10:11; 느 13:1, 3), 오늘날에도 참된 지도자와 교회는 성경적 진리를 온전히 붙들고 개혁과 부흥을 이루어야 합니다.

[16-18절] 원컨대 주께서 오네시보로의 집에 긍휼을 베푸시옵소서. 저가 나를 자주 유쾌케 하고 나의 사슬에 매인 것을 부끄러워 아니하여 로마에 있을 때에 나를 부지런히 찾아 만났느니라. (원컨대 주께서 저로 하여금 그 날에 주의 긍휼을 얻게 하여 주옵소서.) 또 저가 에베소에서 얼마큼(호사 o{sa)[얼마나 많이] **나를 섬긴 것을 네기 잘 이느니라.**

사도 바울이 옥에 갇힌 가운데서 받은 가장 큰 위로는 오네시보로와 그의 가족들로부터였습니다(딤후 1:16-18).
먼저, 오네시보로는 바울을 "자주 유쾌케" 하였습니다. 바울이 수감 생활의 고단함과 외로움에 지칠 때마다 그의 방문은 큰 기쁨이자 격려가 되어 주었습니다.

또한 그는 바울의 "사슬에 매인 것을 부끄러워하지" 않고, 기꺼이 바울 곁을 지켰습니다. 많은 이들이 바울이 사형 위기에 처하자 등을 돌렸지만, 오네시보로는 끝까지 충성된 친구로 남았습니다.

로마에 와서는 매일같이 부지런히 바울을 찾아가 끝까지 그를 돌보았으며, 이전 에베소 사역 때에도 여러 차례와 방식으로 바울의 목회 일에 손을 보탰습니다. 이는 "주의 이름으로 작은 자 하나를 영접함이 곧 주를 영접함"임을 실천한 것이었습니다(마 10:40).

이와 같은 그의 충성된 섬김과 꾸준한 방문은, 주의 종으로 고난을 받던 바울에게 "주께서 그에게 큰 긍휼을 베푸사"(딤후 1:18) 회복과 용기를 주는 통로가 되었습니다.

본문의 교훈을 정리해 보면,

1. 진리 수호의 용기

말세에 예수님 때문에 겪는 고난은 두려워할 일이 아닙니다. 오히려 하나님의 바른 말씀을 굳게 지키고, 세상의 이단과 타협하지 않으면서 역사적 기독교 신앙을 보수하는 것이야말로 믿음의 본질을 지키는 길입니다. 이는 여호수아가 "나와 내 집은 여호와를 섬기겠노라"(수 24:15)고 결단했고, 선지자 미가야가 "여호와께서 내게 말씀하시는 것 곧 그것을 내가 말하리라"(왕상 22:14)고 고백했던 옛길을 따르는 것입니다.

2. 충성의 시험 앞에서의 분별

부겔로와 허모게네처럼, 사도 바울을 버린 이들이 아시아에 많았듯이, 교회 역사에는 언제나 복음을 외면하거나 배신하는 자들이 있습니다(민 16:1-2; 딤후 4:10). 데마처럼 세상을 사랑해 사도와 떨어져 나가는 일이 없도록, 우리는 언제나 진리를 붙들고 그릇된 편에 서지 말아야 합니다.

3. 죽도록 충성하는 동역자의 본

오네시보로가 바울의 옥중을 찾아가 부끄러워하지 않고 큰 위로를 전했던 것처럼, 주님은 "네가 죽도록 충성하라. 그리하면 내가 생명의 면류관을 네게 주리라"(계 2:10)고 약속하셨습니다. 우리도 예수 그리스도와 복음 사역을 위해 목숨까지 내놓을 각오로 끝까지 충성해야 합니다.

제2장

"굿 워커로 레벨 업"

1-13절, 예수 그리스도의 좋은 군사
[1-2절] 내 아들아, 그러므로 네가 그리스도 예수 안에 있는 은혜 속에서 강하고 또 네가 많은 증인 앞에서 내게 들은 바를 충성된 사람들에게 부탁하라. 저희가 또 다른 사람들을 가르칠 수 있으리라.

"그러므로"라는 말은 많은 이들이 진리의 바른 지식을 갖지 못하고 참된 일꾼이 부족한 현실을 지적합니다. 디모데는 이 같은 상황에서 오히려 '그리스도 예수 안에 있는 은혜'를 힘입어 강해져야 했습니다. 이 은혜(딤후 2:1)란 죄사함과 의롭다 하심과 영생의 약속을 가리키며(딤전 1:1; 3:16), 그 은혜 안에서 모든 죄를 버리고 마귀의 권세를 담대히 물리치며 세상을 두려워하지 말아야 함을 뜻합니다.

사도 바울은 디모데에게 "네가 많은 증인 앞에서 내게 들은 바를 충성된 사람들에게 부탁하라"(딤후 2:2)고 권면했습니다. 여기서 '많은 증인'은 예수 그리스도의 탄생(요 1:14; 딤전 3:16), 기적(행 2:22), 십자가의 죽음(사 53:5; 요 1:29), 부활(고전 15:20; 롬 4:25), 승천(행 1:9-11), 재림의 약속(마 24:30; 딤후 4:1) 등을 목도한 이들을 의미합니다. 기독교는 이처럼 수많은 증언과 순교자의 헌신으로 확증된 역사적 사실에 기반하며, 소설이나 신화가 아닙니다.

'충성된 사람들'은 입으로만 믿는 것이 아니라 어떤 환경에서도 변치 않고 복음 진리를 그대로 행하며, 또 다른 사람을 가르칠 수 있는 신뢰할 만한 이들을 가리킵니다. 디모데가 받은 복음을 이들에게 전수함으로써, 그들 역시 후대에 바른 교훈을 계승·전수하게 하려는 것이 사도 바울의 의도였습니다. 이러한 방식—많은 증인 앞의 확증, 충성된 제자 양성—이야말로 하나님의 말씀이 교회 안에서 세대를 넘어 전수되는 길이기 때문입니다.

[3-4절] [그러므로](전통 사본) **네가 그리스도 예수의 좋은 군사로 (나와 함께)**(전통 사본에는 없음) **고난을 받을지니 군사로 다니는 자는 자기 생활에 얽매이는 자가 하나도 없나니 이는 군사로 모집한 자를 기쁘게 하려 함이라.**

디모데는 그리스도 예수의 '좋은 군사'로 부르심을 받았습니다. 마귀와 이 세상의 영적 전쟁이 복음 사역을 방해하고 핍박하기 때문에, 그는 군인처럼 고난을 각오하고 전도에 전념해야 합니다. 군인은 평상시 훈련에 참여하며 비상이 걸리면 즉시 출동할 준비를 갖추고, 개인적 형편에 구애받지 않고 국가에 충성하듯이 전도자도 가정과 일상에 얽매이지 않고 오직 하나님과 주 예수 그리스도를 기쁘시게 하는 일에 힘써야 합니다. 물론 전도자에게도 가정을 돌보는 책임이 있지만, '그 일을 위해' 자신의 생활을 우선순위에서 내려놓고 복음을 위하여 헌신하는 자세가 바로 참된 군사 정신입니다.

[5-6절] 경기하는 자가 법대로 경기하지 아니하면 면류관을 얻지 못할 것이며 수고하는 농부가 곡식을 먼저 받는 것이 마땅하니라.

사도 바울은 복음 사역자를 두 가지 비유로 설명합니다. 첫째, 달리기 선수처럼 "경기하는 자들에게는 규칙을 지키는 자만 상을 받느니라"(딤후 2:5)고 하셨습니다. 선수는 트랙을 벗어나지 않고, 반칙을 하지 않으며 정해진 룰 안에서 최선을 다해 달려야 하듯, 복음 사역자도 성경이 가르치는 교훈을 철저히 지키며 사역에 임해야 합니다.

둘째, 농부처럼 "수고하는 자가 곡식의 첫 열매를 받는 것"(딤후 2:6)과 같이, 땅을 일구고 땀 흘려 씨를 뿌리며 잡초를 뽑는 일상의 수고가 있어야 풍성한 결실을 거둘 수 있습니다. 마찬가지로 복음 사역자는 눈물과 땀을 아끼지 않고 부지런히 말씀을 전파하며 목회 현장을 섬겨야 합니다.

결국, 그리스도의 좋은 군사로 부르심을 받은 우리는 개인적 형편에 얽매이지 않고 첫째로 하나님의 뜻에 순종하며, 성경이 정한 원칙대로 경주하고 땀 흘려 일함으로 복음의 풍성한 열매를 거두는 자들이 되어야 합니다.

[7-9절] 내 말하는 것을 생각하라. 주께서 범사에 네게 총명을 주시리라[주시기를 원하노라](전통 사본). 나의 복음과 같이 다윗의 씨로 죽은 자 가운데서 다시 살으신 예수 그리스도를 기억하라. 복음을 인하여 내가 죄인과 같이 매이는 데까지 고난을 받았으나 하나님의 말씀은 매이지 아니하니라.

예수님은 "육신으로는 다윗의 혈통에서 나셨고"(롬 1:3), 온 인류의 죄를 짊어지시고 십자가에 못 박히셨습니다. 그러나 그는 사망을 이기시고 삼 일 만에 부활하심으로(롬 1:4) 고난 받는 모든 제자의 모범이 되셨습니다(벧전 2:21).

이와 마찬가지로, 복음 사역자들은 때로 옥에 갇히고 핍박을 당하지만, "하나님의 말씀은 매이지 아니하니라"(딤후 2:9) 그 능력은 결코 제약받지 않습니다. 로마 제국의 박해, 일본 군국주의의 탄압, 공산권의 교회 탄압에도 불구하고 하나님의 복음은 자유를 선포하며 승리해 왔고, 앞으로도 어떤 권세도 이 복음을 묶을 수 없습니다.

[10절] 그러므로 내가 택하신 자를 위하여 모든 것을 참음은 저희로도 그리스도 예수 안에 있는 구원을 영원한 영광과 함께 얻게 하려 함이로다.

사도 바울은 자신이 겪는 모든 고난을 기꺼이 감내했습니다. "그러므로 내가 택하신 자들을 위하여 모든 것을 참아 견디노니 그들도 그리스도 예수 안에 있는 구원을 영원한 영광과 함께 얻게 하려 함이라"(딤후 2:10)고 고백한 것처럼, 그의 고난은 자신을 위한 것이 아니라 하나님께서 미리 택하신 이들이 예수 그리스도의 대속 사역을 믿음으로 받아 영원한 영광에 이르도록 하기 위함이었습니다. 여기서 '그리스도 예수 안에 있는 구원'이란, 예수님의 십자가와 부활을 의지해 누구든지 죄 사함과 생명을 얻게 하는 구원의 은혜를 가리키며, '영원한 영광과 함께'라는 표현은 이 구원이 장차 천국의 영광 가운데 완성될 것임을 약속합니다. 유한한 고난 뒤에 기다리는 무한한 영광을 바라보며, 사도 바울은 오늘날 우리 역시 고난 속에서 부끄러워하지 않고 담대히 복음을 증거할 것을 권면합니다.

[11-13절] 미쁘다, 이 말이여, 우리가 주와 함께 죽었으면[죽으면] 또한 함께 살 것이요 참으면 또한 함께 왕노릇할 것이요 우리가 주를 부인하면 주도 우리를 부인하실 것이라. 우리는 미쁨[신실함]이 없을지라도 주는 일향 미쁘시니[항상 신실하시니] 자기를 부인하실 수 없으시리라.

사도 바울은 "우리가 주와 함께 죽으면 또한 주와 함께 살 것이요 우리가 참으면 또한 그와 함께 왕노릇할 것"이라 약속하셨습니다(딤후 2:11-12). 동시에 "누구든지 사람 앞에서 나를 부인하면 나도 … 내 아버지 앞에서 저를 부인하리라"(마 10:33)고 예수님께서 경고하신 대로, 우리는 연약한 믿음에도 불구하고 그를 끝까지 신실히 고백해야 합니다. 이 약속은 복음 사역자들에게 "예수 그리스도의 좋은 군사"로 고난을 각오할 근거가 됩니다. 비록 핍박과 죽음을 겪을지라도, 그 고난이 하나님께서 택하신 자들에게 영원하고 영광스러운 구원을 가져올 것이기 때문입니다. 이는 "믿을 만한 말씀"으로, 죽음 너머의 부활과 영광을 확실히 보장합니다.

본문의 교훈을 정리해 보면,

1. 주의 종들과 교회 직분자들은 먼저 그리스도 예수께서 주신 구원의 은혜 안에서 강건해야 합니다. 그들은 자신의 죄성과 세상의 죄악된 풍조, 사탄의 시험 앞에서도 두려워하지 않고 담대히 믿음의 싸움을 싸워야 합니다(고전 15:58; 고전 16:13; 엡 6:10).

2. 우리는 성경적·사도적 복음 진리와 교훈의 계승을 무엇보다 귀히 여겨야 합니다. 이 역사적 기독교 신앙은 가정과 교회 교육을 통해 다음 세대에 충실히 전수되어야 하며, 교회는 믿음과 인격이 견고한 청년들을 제자로 삼아 이 사명을 계속 이어가야 합니다.

3. 주의 종들과 직분자들은 예수 그리스도의 좋은 군사로서 고난을 받을 각오를 갖추어야 합니다. 그들은 개인 생활에 얽매이지 않고 언제든지 주 앞에서 자신을 낮추며, 고난 중에도 복음을 부끄러워하지 않고 끝까지 견디면 '주와 함께 죽고 주와 함께 왕노릇할' 영광의 약속을 누리게 될 것입니다(딤후 2:11-12).

14-19절, 진리의 말씀과 헛된 말

[14절] 너는 저희로 이 일을 기억하게 하여 말다툼을 하지 말라고 하나님[주](전통본문) 앞에서 엄히 명하라. 이는 유익이 하나도 없고 도리어 듣는 자들을 망하게 함이니라.

복음의 일꾼은 예수 그리스도의 좋은 군사로 부르심을 입었기에, 세상의 유혹이나 자기 생활에 얽매이지 않고 기꺼이 수고와 고난을 감당해야 합니다. "군사된 자가 군무에 얽매이지 아니함이 마땅하니"(딤후 2:4)라는 말씀처럼, 복음 전파를 가로막는 모든 장애물 앞에서 흔들리지 말아야 합니다.

더욱이 그들은 성도들의 믿음과 사랑과 소망을 자라게 하는 자들로, 결코 말다툼에 빠져서는 안 됩니다. "주의 종은 다투지 아니하고"(딤후 2:24) "어리석고 무식한 변론은 피하며"(딤후 2:23) "거짓말하는 자들을 온유함으로 권면하여"(딤후 2:25) 그들이 회개하고 진리에 돌아오도록 인도해야 합니다. 말다툼은 듣는 이로 하여금 마음의 상처를 주고, 믿음과 사랑과 소망을 빼앗아 결국 멸망으로 이끌 뿐, 하나님의 뜻에 전혀 유익하지 못합니다.

[15절] 내기 진리의 말씀을 옳게 분변하여(오르도토메오 ὀρθοτομέω)[바르게 해석하여] 부끄러울 것이 없는 일꾼으로 인정된(도키몬 δόκιμος)[시험된, 증명된] 자로 자신을 하나님 앞에 드리기를 힘쓰라.

"진리의 말씀"은 디모데 전서에 반복해서 등장하는 핵심 주제로, 곧 그리스도 예수 안에서의 복음이요 구원의 진리입니다(1:13; 2:2; 2:8-9). 이 말씀을 제대로 전하려면, 우리는 성경 본문을 "ὀρθοτομέω"(옳게 분별·해석함)의 원칙에 따라 다뤄야 합니다. 즉 본문 앞뒤 문맥과 단어 본래 뜻, 그리고 신·구약 전체의 가르침을 상호 참조하여, 독자나 청중이 혼동하거나 왜곡 없이 진리를 온전히 이해하도록 돕는 것이 먼저입니다. 그렇게 해석된 말씀은 "부끄러울 것이 없는 일꾼"(도키모스 에르가테스 δόκιμος ἐργάτης)으로 인정받게 하며, 사도로부터 전해진 바른 교훈을 듣는 이들로 하여금 믿음과 삶에서 흔들림 없이 따르게 만듭니다. 디모데처럼 우리도 이 진리의 말씀에 온 마음을 쏟아, 감정적 호응이나 세속적 유행에 휘둘리지 않는 믿음의 일꾼이 되어야 합니다.

[16-17절] 망령되고(베벨로스 βεβηλός)[속되고, 불경건하고, 가치 없고] 헛된 말을 버리라. 저희는 경건치 아니함에 점점 나아가나니 저희 말은 독한 창질(강그라이나 γάγγραινα)[괴저, canker(KJV), gangrene(NASB, NIV)]의 썩어져 감과 같은데 그 중에 후메내오와 빌레도가 있느니라.

주의 종들은 먼저 '진리의 말씀'을 굳게 붙들고 성경 본문을 맥락에 맞게 바르게 해석하여 오직 경건과 믿음을 세우는 데 유익한 교훈만 전해야 합니다. 반면, 쓸데없는 논쟁이나 공허한 변론—곧 경건을 이익의 도구로 삼거나 진리를 왜곡하는 말장난—은 멀리해야 합니다. 이런 헛된 말들은 몸에 독한 창질이 퍼지듯 교회를 병들게 하고, 성도들의 믿음과 사랑을 갉아먹어 결국 사탄의 올무에 빠뜨립니다. 특히 후메내오와 빌레도 같은 이단자들이 퍼뜨리는 잘못된 교훈은 조기에 분별하여 단호히 대처함으로 교회가 부패하지 않도록 지켜야 합니다. 이와 같이, 복음 사역자는 진리의 말씀을 든든히 세우되, 불경건한 말과 이단 사설은 과감히 배격하며 교회를 건강하게 지키는 일에 헌신해야 합니다.

[18절] 진리에 관하여는 저희가 그릇되었도다. 부활이 이미 지나갔다 하므로 어떤 사람들의 믿음을 무너뜨리느니라.

불경건하고 헛된 말을 일삼는 자들은 '부활이 이미 이루어졌다'고 주장함으로써 하나님의 핵심 진리를 훼방합니다. 사도 바울도 "어떤 이들이 말씀을 전하여 변론을 일으키니"(딤후 2:17) 그중 후메내오와 빌레도는 "부활에 관하여는 파선하였느니라"고 경고했습니다(딤후 2:18) - 만일 부활이 이미 지나갔다면 "우리의 전파한 복음이 헛되고"(고전 15:14) "믿는 자들이 아직 죄 가운데 있는 것이라"(고전 15:17)고 하신 말씀처럼 신자의 소망이 모두 허사가 되기 때문입니다.

오늘날에도 자유주의 신학자들은 성경의 부활 사건을 '신화'나 '전설'로 격하시켜 버리고, 칼 바르트와 같은 인물조차 "부활은 역사적으로 증명될 수 없다"고 주장하는데, 이는 후메내오와 빌레도가 퍼뜨린 허망한 교훈과 다를 바 없는 이단 사상입니다. 이러한 사상들이 주요 교단 안에 묵인되면서, 많은 교회가 진리에서 떠나 배도와 부패의 길로 내몰리고 있습니다.

따라서 복음의 일꾼과 모든 성도는

1. "진리의 말씀" 곧 예수 그리스도의 부활과 재림을 확신하는 복음을 곧게 붙들고(딤후 2:15),
2. 부활을 부정하는 모든 헛된 변론을 멀리하며(딤후 2:16),
3. "믿음의 선한 싸움을 싸우며"(딤후 2:3) 영원한 소망을 확실히 지켜야 합니다.

이것이 우리가 배도자들의 오류로부터 교회를 지키는 길입니다.

[19절] 그러나 하나님의 견고한 터는 섰으니 인침이 있어 일렀으되 주께서 자기 백성을 아신다 하며 또 주의 이름을 부르는 자마다 불의에서 떠날지어다 하였느니라.

교회 안에 이단과 헛된 교훈들이 많지만, "하나님의 견고한 터"(히 6:1-2) 곧 성경이 가르치는 초보적 진리 위에 교회는 굳게 서 있습니다. 이러한 근본 진리들은 복음의 핵심인 예수 그리스도의 대속 사역(회개와 믿음, 세례와 안수, 부활과 심판)으로 요약되며, 다시 논쟁할 대상이 아닙니다.

이제 두 가지 사실이 분명합니다.

첫째, 주께서 자신의 택하신 백성을 친히 아시고 끝까지 지키십니다. "나를 보내신 이의 뜻은 내게 주신 자 중에… 마지막 날에 다시 살리는 것"이며 "내 아버지의 뜻은… 마지막 날에 내가 이를 다시 살리리라"(요 6:39-40) 하셨고, "미리 정하신 그들을… 또한 영화롭게 하셨느니라"(롬 8:30) 하심으로, 하나님의 택한 자들은 반드시 영광의 구원에 이를 것입니다.

둘째, 주의 이름을 부르는 모든 성도는 "불의에서 떠나" 거룩하게 살아야 합니다. 불의에는 윤리적 부도덕뿐 아니라 교리적 악, 곧 이단도 포함되니, 우리가 주를 시인하는 한 반드시 불의와 모든 헛된 논쟁을 멀리해야 합니다.

본문의 교훈을 정리해 보면,

첫째, 우리는 하나님의 진리 곧 성경 말씀을 바르게 해석하고 가르치는 자들이 되어야 합니다. 이를 위해 개인적으로도, 공동체적으로도 성경을 부지런히 읽고 듣고 묵상하여 그 의미를 분별하며, 어떠한 인간적 편견이나 사변에 매이지 않고 본문이 전하는 원래 의도를 충실히 전해야 합니다.

둘째, 우리는 불경건한 이단 사설들을 경계해야 합니다. 그러한 가르침은 마치 독한 창질이 퍼지듯 교회를 좀먹고 성도의 양심을 마비시킵니다. 천주교를 비롯한 전통적 오류뿐 아니라, 오늘날의 자유주의 신학이나 은사주의와 같이 성경의 초보적 진리를 왜곡하는 모든 사조를 분별하여 멀리해야 할 것입니다.

셋째, 우리는 "하나님의 견고한 터"(히 6:1-2) 곧 예수 그리스도의 복음과 성경이 가르치는 근본 진리 위에 굳게 설 것을 확신해야 합니다. 세상은 멸망할 이단과 부패한 윤리로 가득하지만, 하나님께서 택하신 백성은 이 진리를 온전히 믿고, 교리적·도덕적 타협에서 떠나 순전한 신앙을 지킬 것입니다.

20-26절, 귀히 쓰는 그릇

[20-21절] 큰 집에는 금과 은의 그릇이 있을 뿐 아니요 나무와 질그릇도 있어 귀히 쓰는 것도 있고 천히 쓰는 것도 있나니 그러므로 누구든지 이런 것에서 자기를 깨끗하게 하면 귀히 쓰는 그릇이 되어 거룩하고 주인의 쓰심에 합당하며 모든 선한 일에 예비함이 되리라.

주인집에는 귀한 손님을 대접할 때 사용하는 금그릇·은그릇이 있는가 하면, 일상에 쓰는 나무그릇·질그릇과, 쓰레기를 담아 버리는 그릇도 있습니다. 마찬가지로 하나님의 종도 마음과 사상에 어떤 것들을 담느냐에 따라 '귀히 쓰임 받는 그릇'이 될 수도, '버려지는 그릇'이 될 수도 있습니다.

1. 불신앙적 가르침으로부터 자신을 깨끗이 하라

후메내오와 빌레도처럼 진리를 훼손하는 이단 사설을 멀리하고, 어떤 오류에도 물들지 않도록 경계해야 합니다.

2. 교리적·사상적 순수성을 지켜라

주의 종은 무엇보다도 바른 말씀—성경에 기록된 복음의 핵심 진리와 사도들의 가르침—을 소유하고, 그 위에 서 있어야 합니다.

3. 거룩하고 예비된 그릇으로 쓰임 받으라

마음이 깨끗하고 교리·윤리에서 순결한 자만이 '귀히 쓰이는 그릇'으로 인정받아, 주님의 뜻을 이루는 모든 선한 일에 준비된 채 쓰임 받을 것입니다.

[22절] 또한 네가 청년의 정욕을 피하고 주를 깨끗한 마음으로 부르는 자들과 함께 의와 믿음과 사랑과 화평을 좇으라.

주의 종들은 윤리적으로도 철저히 깨끗해야 합니다. "그러므로 청년의 정욕을 피하고 의와 믿음과 사랑과 화평을 함께 좇으라. 또 깨끗한 마음으로 주를 부르는 자들과 함께하라"(딤후 2:22). 음란은 가장 치명적인 죄악이기에, 요셉이 보였던 본을 따라 유혹 앞에서 "그 여인이 날마다 청하였으나… 함께 있지도 아니하니라"(창 39:10), "동침하자… 자기 옷을 그 손에 버리고 도망"(창 39:12)하듯, 정욕의 시험은 피하는 것이 최선입니다.

참된 교회는 "깨끗한 마음으로 주의 이름을 부르는"(딤후 2:22) 이들이 모인 곳입니다. 그 구성원들은

- **의**를 힘써 행하며(롬 13:10),
- **믿음**을 굳게 세워 "믿음은 듣는 데서 나니 듣기는 그리스도의 말씀으로 말미암음이라"(롬 10:17),

- **서로 사랑**하여 "새 계명을 너희에게 주노니 서로 사랑하라"(요 13:34),
- **화평**을 이루기 위해 힘써야 합니다(딤후 2:22).

주께서는 이런 교리적·윤리적 순결과 온전함을 가진 "귀히 쓰이는 그릇"을 통해 그의 뜻을 이루시며, 그릇된 교훈과 방탕함에는 절대 쓰시지 않습니다.

[23-24절] 어리석고 무식한 변론을 버리라. 이에서 다툼이 나는 줄 앎이라. 마땅히 주의 종은 다투지 아니하고 모든 사람을 대하여 온유하며 가르치기를 잘하며 참으며.

주의 종들은 먼저 "어리석은 변론"을 버려야 합니다. "네가 세상 일에 사사로운 변론을 금하고"(딤후 2:23), "어리석고 무식한 질문을 버리라"(딛 3:9) 하신 것처럼, 용어나 사소한 논점으로 일으키는 말다툼은 결코 교회를 유익케 하지 못하고 오히려 분쟁만 낳습니다.

대신 그들은 "다투지 아니하고 모든 사람에게 온유하며"(딤후 2:24), "가르치기를 잘하며 참으며"(딤후 2:24-25) "온유로써 거역하는 자를 징계"(딤후 2:25)할 줄 알아야 합니다. 즉, 부드러운 마음으로 권면하고, 말씀을 전할 때는 인내와 지혜를 동반해야 합니다. 모세가 "온유함이 지면의 모든 사람보다 승하였다"(민 12:3)는 칭찬을 받았듯이, 주의 종에게 온유와 인내는 복음 사역의 필수 덕목입니다.

**[25-26절] 거역하는 자를 온유함으로 징계[교훈, 훈계, 교정, 징계]할지니 혹 하나님이[께서] 저희에게 회개함을 주사 진리를 알게 하실까 하며 저희로 깨어 마귀의 올무에서 벗어나 하나님께 사로잡힌 바 되어 그 뜻을 좇게 하실까 함이라[마귀에게 사로잡혀 그 뜻을 따랐던 저희로 깨어 그 올무에서 벗어나게 하실까 함이라](NASB;

KJV, NIV도 뜻이 비슷함).

주의 종은 거역하는 자를 "온유함으로 징계하고 교훈"해야 합니다(딤후 2:24-25). 이는 그들이 회개하여 진리를 깨닫고 구원에 이르도록 하나님께서 긍휼을 베푸실 수 있기 때문입니다. 우리 모두는 본래 "공중의 권세 잡은 자 곧 불순종의 아들들 가운데서 역사하는 영"을 따라 세상 풍속을 좇던 자들이었으나(엡 2:2), "온 세상은 악한 자 안에 처해" 있음을 기억해야 합니다(요일 5:19). 그러나 하나님이 긍휼을 베푸시면, 거짓된 지배에서 벗어나 회개하여 복음 안에서 영생의 은혜를 누리게 됩니다.

본문의 교훈을 정리해 보면,

하나님의 종들과 모든 성도들이 마땅히 힘써야 할 세 가지 덕목을 정리해 보자.

우선, 우리는 교리적으로 완전한 순수함을 지켜야 한다. 신구약성경에 기록된 하나님의 온전한 말씀만을 굳게 믿고, 그 말씀을 바르게 해석하여 전파해야 한다. 예수 그리스도의 복음 진리와 개혁신학만이 참된 진리임을 확신하고, 그 외의 모든 이단사설과 변종 사상은 단호히 물리쳐야 한다.

그리고 윤리적·인격적으로도 흠 없이 거룩한 삶을 살아야 한다. 육신의 정욕을 멀리하고, 의와 믿음과 사랑과 화평을 구하며, 모든 면에서 거짓과 불의에서 떠나야 한다. 하나님께서는 온전한 삶과 겸손한 마음을 지닌 자들을 귀히 사용하신다.

마지막으로, 우리는 서로 다투지 않고 온유한 마음으로 교훈과 징계를 실천해야 한다. 비록 거역하는 자가 있을지라도, 꾸짖기보다는 온유함으로 그를 돌이키게 해야 한다. 바른 교리와 깨끗한 인격, 그리고 부드럽되 확고한 온유함—이 세 가지가 바로 주님께서 귀히 쓰시는 종들과 모든 성도가 힘써 이루어야 할 성화의 목표이다.

"어려운 시대, 살아남기"

1-5절, 어려운 시대

[1절] 네가 이것을 알라. 말세에 고통하는(칼레포스 χαλεποί)[어려운(NASB), 위험한(KJV)] 때[때들]가 이르리니.

사도 바울은 "말세에 어려운 때가 반드시 오리니"(딤후 3:1)라고 경고합니다. 그때는 사람들에게 "자기 사랑하며… 절제하지 못하며 잔인하며"(딤후 3:2-3)와 같은 악한 모습이 넘치고, "자기 귀에 즐거운 교훈을 많이 받으려"(딤후 4:3) 하여 진리를 떠날 것입니다.

이 경고는 하나님의 종들뿐 아니라 모든 성도가 명심해야 할 사실입니다. 교회 역사상 늘 반복되어 온 이 "어려운 시대"를 오늘날 더욱 실감하며, 우리 각자가 믿음과 진리를 굳게 지켜야 할 때임을 기억해야 합니다.

[2-5절] [이는] 사람들은 자기를 사랑하며 돈을 사랑하며 자긍하며 교만하며 훼방하며 부모를 거역하며 감사치 아니하며 거룩하지 아니하며 무정하며 원통함을 풀지 아니하며 참소하며 절제하지 못하며 사나우며 선한 것을 좋아 아니하며 배반하여 팔며 조급하며 자고하며 쾌락을 사랑하기를 하나님 사랑하는 것보다 더하며 경건의 모양은 있으나 경건의 능력은 부인하는 자니[부인할 것임이니] 이 같은 자들에게서 네가 돌아서라.

사도 바울은 디모데에게 "말세에 어려운 때가 반드시 이르리니"(딤후 3:1)라 경고하며, 그 이유를 다음 열아홉 가지 특징으로 설명합니다(딤후 3:2-5).

1. **자기 사랑:** 사람들은 "자기 사랑하며"(3:2) 이기적으로 변해 이웃을 돌아보지 않습니다.
2. **돈 사랑:** "탐심하며"(3:2) 물질을 우상처럼 섬깁니다.
3. **자긍:** "자기를 자랑하며"(3:2) 끊임없이 자신을 내세웁니다.
4. **교만:** "교만하며"(3:2) 겸손을 잃고 스스로 높아집니다.
5. **훼방:** "훼방하며"(3:2) 하나님과 사람을 모독합니다.
6. **부모 거역:** "부모를 거역하며"(3:2) 가정의 권위를 무시합니다.
7. **감사치 않음:** "감사치 않으며"(3:2) 받은 은혜를 잊습니다.
8. **거룩치 않음:** "거룩하지 아니하며"(3:3) 죄된 생활을 지속합니다.
9. **무정:** "무정하며"(3:3) 다른 이의 고통에 무관심합니다.
10. **원통함 풀지 않음:** "원수 사함을 하지 아니하며"(3:3) 용서 대신 보복을 택합니다.
11. **참소:** "참소하며"(3:3) 거짓 증언으로 남을 해칩니다.
12. **절제 없음:** "절제하지 못하며"(3:3) 감정과 욕망을 제어하지 못합니다.
13. **사나움:** "사나우며"(3:3) 거칠고 폭력적입니다.
14. **선 좋아치 않음:** "선한 것을 좋아하지 아니하며"(3:3) 의로움을 멸시합니다.
15. **배반·팔음:** "사람을 팔며"(3:3) 의리를 배신합니다.
16. **조급:** "조급하며"(3:3) 신중함 없이 행동합니다.
17. **자고(自高):** "자기를 높이며"(3:4) 남을 깔봅니다.
18. **쾌락 사랑:** "쾌락을 사랑하기를…하나님 사랑보다 더"(3:4) 즐거움

을 우상화합니다.
19. **경건 모양만**: "경건의 모양은 있으나 경건의 능력은 부인하는 자들"(3:5)로, 겉모습만 그리스도인인 척할 뿐 진실한 변화는 거부합니다.

이처럼 말세에는 진리에서 떠나 이기심과 방탕이 넘치기에, 바울은 "이런 자들에게서 네가 돌아서라"(3:5)고 단호히 권면합니다.

→ 우리는 어디에나 스며드는 이 열아홉 가지 폐단을 반드시 인식하고, 진리 안에 굳게 서서 복음의 순수를 지켜야 합니다.

본문의 교훈을 정리해 보면,

사도 바울은 디모데에게 말세에 어려운 때가 온다고 경고하며, 그때 사람들의 모습이 얼마나 타락할지를 생생하게 묘사합니다(딤후 3:1-5). 사람들은 이기적으로 자신만을 사랑하고, 돈을 숭배하며, 교만과 자긍으로 가득 차서 하나님과 이웃을 모독하고, 부모를 거역하며 감사할 줄 모릅니다. 그들은 거룩함을 잃고 동정심 없이 살아가며, 원한을 풀지 않고 거짓으로 남을 참소하며, 절제하지 못한 채 폭력과 배신을 일삼습니다. 조급하고 자기 과시에 빠진 이들은 하나님보다 육체의 쾌락을 더 사랑하며, 겉으로만 경건의 모양을 갖추되 그 능력을 부인합니다.

바울은 이러한 사람들에게서 돌이켜(딤후 3:5), 참된 신앙 공동체와의 교제를 지키라고 권면합니다. 오늘날 우리가 마주하는 세속적 유혹과 도덕적 무관심, 겉만 번지르르한 종교적 의례들을 분별하여 멀리하고, 오직 하나님의 말씀 위에 견고히 서서 말과 행실을 통해 진정한 경건을 드러낼 때 비로소 마지막 날까지 흔들림 없이 주 안에 거할 수 있을 것입니다.

6-12절, 바울의 간증

[6-7절] [이는] 저희 중에 남의 집에 가만히 들어가 어리석은 여자[여자들]를 유인하는 자들이 있으니[있음이니] 그 여자[여자들]는 죄를 중히 지고 여러 가지 욕심에 끌린 바 되어 항상 배우나 마침내(메데포테 μηδέποτε)[결코] 진리의 지식에 이를 수 없느니라.

사도 바울은 디모데에게 말세에 타락한 자들 중에는 "남의 집에 가만히 들어가 어리석은 여자들을 유인"하는 자들이 있으며, 그 여자들은 "여러 가지 욕심에 끌린" 채 "항상 배우나 결코 진리의 지식에 이를 수 없다"고 경고합니다(딤후 3:6-7). 이 말씀은 죄악된 행위가 욕심에서 시작되어 점점 누적되고, 회개 없이 계속 배우기만 할 뿐 참된 구원의 복음—죄사함과 영생으로 인도하는 진리—에 이르지 못함을 보여 줍니다.

따라서 우리가 죄를 벗어나려면

1. **모든 욕심**, 곧 정욕(Sexual desires), 물욕(material ambitions), 명예욕(ambitions for status) 등을 버리고 마음을 깨끗이 해야 하며
2. **진리의 지식**에 이르려면 자신의 죄를 철저히 자복하고 회개하며 구주 예수 그리스도를 믿어야 합니다.

"사람은 자신의 죄를 깨닫고 회개하고 구주 예수 그리스도를 믿을 때, 죄사함과 영생을 얻는다"는 성경의 가르침을 굳게 붙드시기 바랍니다.

[8-9절] 얀네와 얌브레가 모세를 대적한 것같이 저희도 진리를 대적하니 이 사람들은 그 마음[생각](mind)(KJV, NASB, NIV)이 부패한 자요 믿음에 관하여는 버리운 자들이라. 그러나 저희가 더 나가지 못할 것은 저 두 사람의 된 것과 같이 저희 어리

석음이 [모든 사람에게] 드러날 것임이니라.

사도 바울은 얀네와 얌브레가 모세를 대적했던 것처럼, 말세에 어리석은 여자들을 유인하는 자들도 세 가지 면에서 정죄했습니다(딤후 3:6-7).

첫째, 그들은 **진리를 대적**하는 자들이었습니다. 바울이 전한 "하나님의 진리"—곧 사람이 믿고 구원 얻어야 할 복음—을 거역하였고, 실제로 "아시아에 있는 모든 사람이 나를 버렸다"(딤후 1:15). 후메내오와 빌레도는 그 "독한 창질의 썩어져감" 같은 거짓 교훈으로 진리를 공격했으며(2:17), 알렉산더는 바울에게 심각한 해를 끼쳤습니다(4:14).

둘째, 그들은 **생각이 부패**한 자들이었습니다. 회개 없는 영적 부패는 곧 마음과 생각의 타락에서 시작됩니다. "어리석은 자는 그 마음에 이르기를 하나님이 없다 하도다… 다 치우쳤으며 선을 행하는 자가 없도다"(시 14:1-3). 진정한 회개는 이 부패한 생각이 변화될 때 비로소 가능합니다.

셋째, 그들은 **믿음에서 버리운** 자들이었습니다. 복음이 약속된 모든 이가 믿는 것은 아니며, 하나님께서 택하신 자만이 예수 그리스도를 믿습니다(살후 3:2). "믿고 세례를 받는 사람은 구원을 얻으리니 믿지 않는 자는 정죄를 받으리라"(막 16:16). "내 양은 내 음성을 들으며… 내가 저희에게 영생을 주노니… 저희를 내 손에서 빼앗을 자가 없느니라"(요 10:27-28). 자신을 시험하라—"예수 그리스도께서 너희 안에 계신 줄을 알지 못하느냐? 그렇지 않으면 너희가 버리운 자니라"(고후 13:5).

결국, 주 예수 그리스도를 **믿는 것**이 사람에게 가장 큰 복이요, 그를 믿지 않는 것이 가장 큰 불행입니다. 이들 악인은 "진리를 대적"하며, "생각이 부패"하고, "믿음에 관하여는 버리운 자"들이지만, 그 어리석음은 반드시 드러나고 "모든 사람 앞에서" 그 실상이 밝혀질 것입니다.

[10-11절] [그러나] 나의 교훈과 행실과 의향과 믿음과 오래 참음과 사랑과 인내와 핍박과 고난과 또한 안디옥과 이고니온과 루스드라에서 당한 일과 어떠한 핍박받은 것을 네가 과연 보고 알았거니와 주께서 이 모든 것 가운데서 나를 건지셨느니라.

사도 바울은 자신의 "교훈과 행실과 의향과 믿음과 사랑과 오래 참음과 인내"를 디모데에게 본보기가 되도록 남겼습니다. 즉, 그는 복음에 합당한 가르침을 전하면서(행 14:21-22) 살았고, 모든 일에 바른 동기로 행했으며, 하나님과 주 예수를 철저히 믿고, 성도들에게 깊은 사랑을 베풀었습니다. 더불어 안디옥과 이고니온에서의 핍박, 루스드라에서 돌에 맞아 죽은 듯 끌려나갔으나(행 14:19) 마침내 주께서 그를 구원하신 것처럼, 바울은 수많은 위기 속에서도 낙심치 않고 하나님의 약속을 굳게 붙들고 오래 참으며 인내했습니다. 디모데는 이 모든 것을 직접 보고 배웠습니다.

[12절] 무릇 그리스도 예수 안에서 경건하게 살고자 하는 자는 핍박을 받으리라.

참된 성도는 예수 그리스도를 따르는 길에서 핍박과 고난을 감수해야 합니다. 사도 바울이 안디옥과 이고니온, 루스드라 등지에서 돌에 맞고 죽음의 위기를 겪으면서도(행 14:19) 복음을 굳게 전했듯이, 우리도 "나를 인하여 너희를 욕하고 핍박하고 거짓으로 너희를 거스려 모든 악한 말을 할 때에는 너희에게 복이 있나니 기뻐하고 즐거워하라. 하늘에서 너희의 상이 큼이라. 너희 전에 있던 선지자들을 이같이 핍박하였느니라"(마 5:11)는 주님의 말씀을 기억하며 고난과 환난 속에서도 믿음과 충성을 지켜야 합니다. 한국교회가 일제 시대와 공산 정권하에서 겪은 고난이 보여주듯, 고난은 결코 예외가 아니며, 진실한 신앙인은 늘 이 길을 각오하고 나아가야 합니다.

본문의 교훈을 정리해 보면,

첫째로, 우리는 결코 어리석은 자들("죄를 무겁게 짓고 여러 가지 욕심에 끌린 바 되어"(딤후 3:6-7))처럼 되지 말아야 합니다. 그들은 끊임없는 정욕에 사로잡혀 "진리의 지식에 이를 수 없"었으나, 우리에게는 반복된 죄를 버리고 "모든 욕심을 멀리하며"(딤후 2:22) 참된 회개와 믿음으로 성경이 주는 온전한 지식에 이르는 길이 열려 있습니다.

둘째로, 우리는 진리의 대적자들(얀네와 얌브레처럼 모세를 대적한 자들)과 같이 생각이 부패하여 "믿음에 관하여는 파선한"(딤후 3:8-9) 자가 되어서는 안 됩니다. 사도 바울 당시에도 바른 말씀을 배척하는 자들이 있었으나, 우리는 복음의 말씀을 듣고 받아 "오직 경건에 이르는 교훈"(딤전 4:6)에 순종하는 자로 살아야 합니다.

셋째로, 우리는 고난을 피하는 자가 되어서는 안 됩니다. 예수 그리스도께서 친히 "나를 인하여 **핍박을 받으리라**"(마 10:38) 하신 길을 걸은 바울이 본을 따라, "모든 믿는 자가 핍박을 받으리라"(행 14:22; 딤후 3:12)는 말씀을 굳게 붙들고 인내하며 고난을 각오해야 합니다. 그 길 위에서 주님은 반드시 위로와 보호를 베푸시며 "고난 받는 자에게는 천국이 있느니라"(마 5:10) 하실 것입니다.

13-17절, 성경의 효능

[13-14절] 악한 사람들과 속이는 자들은 더욱 악하여져서 속이기도 하고 속기도 하

나니 그러나 너는 배우고 확신한 일에 거하라. 네가 뉘게서 배운 것을 알며.

이 세상은 "불의한 자와 속이는 자들이 더욱 악하여져, 거짓 속임으로 자기를 속이는 자들을 더욱 속이리니"(딤후 3:13)라는 말씀이 예견한 대로, 점점 더 악하고 불신실해질 것입니다. 하지만 이러한 때일수록 하나님의 종들과 성도들은 이미 배운 진리 위에 굳게 서야 합니다. "너는 네가 배운 바와 확신한 바를 굳게 지키라"(딤후 3:14) 하신 대로, 역사적·성경적 기독교 신앙을 흔들림 없이 붙들고, 세상의 헛된 풍조나 교회의 혼란에 휩쓸리지 않아야 합니다.

디모데가 "많은 증인 앞에서 내게 들은 바와… 거룩한 믿음 안에서 지키라"(딤후 1:13) 하신 바울의 권면을 기억하며 견고한 믿음을 지켰듯이, 오늘날 우리도 신약성경에 기록된 사도들의 교훈과 그들의 인격을 마음에 새기고, 그 가르침 안에 거함으로 날마다 진리를 더욱 확신해야 합니다. 그러면 "이 모든 일에 네 자신을 부인하지 아니하는"(딤후 3:14) 충성된 일꾼으로 하나님께 쓰임 받게 될 것입니다.

[15절] 또 네가 어려서부터 성경을 알았나니 성경은 능히 너로 하여금 그리스도 예수 안에 있는[예수께 대한] 믿음으로 말미암아 구원에 이르는 지혜가 있게 하느니라.

디모데는 "어려서부터 성경을 알았"(딤후 3:15)기 때문에, 자신이 배우고 확신한 진리 위에 굳건히 서기 위해 늘 성경을 기억해야 했습니다. 오늘날에도 아이들이 세속적 오락에 빠지기보다 부모로부터 성경을 읽고 배우는 것은 참으로 복된 일입니다.

성경은 두 가지 중요한 효능을 지니고 있습니다. 첫째, 성경은 "사람을 구원에 이르게 하는 지혜"(딤후 3:15)를 줍니다. 죄인은 성경을 통해 예수 그리스도를 믿음으로 구원을 얻습니다. 성경의 중심 인물은 바로 예수 그리스도이시며, "너희가 성경에서 영생을 얻는 줄 생각하거니와 이 성경이 곧 내게 대하여 증거하는 것이로다"(요 5:39)라는 말씀과, "모세와 및 모든 선지자의 글로 시작하여 모든 성경에 쓴 바 자기에 관한 것을 자세히 설명하시니라"(눅 24:27) 하신 대로 성경 전체가 그분을 가리키고 있습니다.

둘째, 성경은 우리가 믿음을 얻는 통로입니다. "예수께서 제자들 앞에서 이 책에 기록되지 아니한 다른 표적도 많이 행하셨으나…오직 이것을 기록함은…예수께서 하나님의 아들 그리스도이심을 믿게 하려 함이요…생명을 얻게 하려 함이니라"(요 20:30-31) 하신 대로, 성경을 읽고 들음으로 믿음이 자랍니다. "믿음은 들음에서 나며 들음은 그리스도의 말씀으로 말미암았느니라"(롬 10:17) 하신 말씀처럼, 참된 믿음은 하나님의 말씀을 듣고 받아들일 때 우리 안에 심어지는 것입니다.

[16-17절] 모든 성경은 하나님의 감동으로 된 것으로 교훈과 책망과 바르게 함과 의로 교육하기에 유익하니 이는 하나님의 사람으로 온전케 하며 모든 선한 일을 행하기에 온전케(엑세르티스메노스 ἐξηρτισμένος)[온전히 준비되게] **하려 함이니라.**

사도 바울은 "모든 성경은 하나님의 감동으로 되었다"(딤후 3:16)고 선언합니다. 여기서 '모든 성경'은 구약과 신약의 모든 책과 각 부분을 가리키며, '하나님의 감동으로 된(데오프뉴스토스 θεόπνευστος)'은 문자 그대로 '하나님이 숨을 불어넣으신' 말씀이라는 뜻입니다. 즉, 성경은 인간의 생각이나 말이 아니라, 신적 권위를 가진 하나님의 말씀입니다.

이 하나님의 말씀은 네 가지 면에서 유익합니다.

첫째, 교훈(敎訓)—진리의 내용과 윤리의 내용을 가르쳐 주고(딤후 3:16)

둘째, 책망(責望)—사상적·행위적 오류를 지적하며

셋째, 정오(正誤), 바르게 함—그릇된 것을 바로잡아 주고

넷째, 의화교주(義化敎育), 의로 교육함—하나님께서 기뻐하시는 선한 삶으로 성도들을 훈련시킵니다(딤후 3:16).

이 네 가지 유익을 통해 성경은 "하나님의 사람으로 온전케 하며, 모든 선한 일을 행하기에 온전케 하려 함"(딤후 3:17)입니다. 비단 구원받은 후의 성도들뿐 아니라, 매일의 신앙생활 속에서 말씀을 읽고 묵상하고 순종함으로 성화(聖化)를 이루어 가며, 세상의 빛과 소금으로서 하나님께 영광을 돌리게 합니다.

본문의 교훈을 정리해 보면,

1. 우리는 먼저 하나님의 진리를 배우고 확신함으로 그 안에 굳게 서야 합니다. 누가복음 기자가 예루살렘 왕국의 경위들을 연구하여 기록한 것도 "각하로 그 배운 바의 확실함을 알게 하려 함이로라"(눅 1:4) 하셨기 때문이며, 요한복음 기자가 이 복음을 기록한 것도 "너희로 예수께서 하나님의 아들 그리스도이심을 믿게 하려 함이요 또 … 생명을 얻게 하려 함이니라"(요 20:31) 하셨기 때문입니다.

2. 우리는 성경을 통해 우리 구원이 확실함을 붙들어야 합니다. 디모데에게 바울은 "어려서부터 성경을 알았나니 성경은 능히 … 구원에 이르는 지혜가 있게 하느니라"(딤후 3:15)고 증언합니다. 로마서 기자도 "그리스도 예수 안에 있는 구속으로 말미암아 … 값없이 의롭다 하심을 얻은 자 되었느니라"(롬 3:24)며, "그리스도 예수 안에 있는 자 … 성령을 좇아 행하는 자들에게 결코 정죄함이 없나니"(롬 8:1)라고 확신합니다.

3. 성경은 우리를 온전케 하여 모든 선한 일을 행하게 합니다. "모든 성경은 하나님의 감동으로 된 것으로 교훈과 책망과 바르게 함과 의로 교육하기에 유익하니, 이는 하나님의 사람으로 온전케 하며 모든 선한 일을 행하기에 온전케 하려 함이니라"(딤후 3:16-17). 그러므로 우리는 성경을 주야로 읽고 듣고 묵상해야 하며, 성령의 도우심으로 "성령을 좇아 행하여 육체의 욕심을 이루지 아니"(갈 5:16)함으로 끝까지 성화를 이루어 가야 합니다. 또한 "네 자신을 삼가라"고 권하신 베드로의 말씀처럼, 끊임없이 경건을 힘쓰며 확증해 나아가야 할 것입니다(벧후 1:10).

"설교자의 미션 임파서블?"

1-5절, 설교자의 직무와 고충

[1-2절] [그러므로 내가](전통 사본) **하나님 앞과 산 자와 죽은 자를 심판하실 그리스도 예수 앞에서 그의 나타나실 것과 그의 나라를 두고**[주 예수 그리스도 곧 그의 나타나실 때에 그의 나라에서 산 자와 죽은 자를 심판하실 자 앞에서](전통 사본) **엄히 명하노니 너는 말씀을 전파하라. 때를 얻든지 못 얻든지 항상 힘쓰라**(에피스테미 ἐφίστημι)[준비하라](Thayer, BDAG). **범사에**[온전히] **오래 참음과 가르침으로 경책하며 경계하며 권하라.**

사도 바울은 디모데에게 "그러므로 네가 하나님과 살아 계신 그리스도 예수 앞에서 이러한 명하노니"(딤후 4:1)라며 설교와 전도의 직무를 엄숙히 명하였습니다. 성경이 "교훈과 책망과 바르게 함과 의로 교육하기에 유익하다"(딤후 3:16) 하여, 우리를 구원에 이르게 하고 온전케 함을 알기 때문입니다.

1. 설교는 선포적 사명

"복음 진리와 바른 교훈을 전파하되 때를 얻든지 못 얻든지 항상 준비하여"(딤후 4:2)야 합니다. 설교는 듣는 이의 호응이나 논쟁을 목적으로 하지 않고, 하나님의 뜻을 선포하는 일입니다.

2. 온전하고 오래 참음

"온전히 오래 참으며"(딤후 4:2)라는 권면은, 전도와 양육이 사탄의 방해와 사람의 연약함을 이겨 내는 고난의 길임을 보여 줍니다. 설교자는 결실이 더디 올지라도 낙심하지 않고 끝까지 견뎌야 합니다.

3. 종말 심판의 엄숙함

주 예수 그리스도께서 "하늘로부터 산 자와 죽은 자를 심판하러 다시 오실"(사도신경) 날을 기억하며, 영혼들을 구원으로 이끌 복음 전파의 긴박함을 붙들어야 합니다.

이처럼 설교자는 하나님의 진리를 선포하고, 가르치며, 책망하고, 경계하며, 권면하는 모든 사역을 "하나님과 주 예수 그리스도 앞에서" 온전히 감당해야 합니다.

[3절] [이는] 때가 이르리니 사람이 바른 교훈을 받지 아니하며(우크 아넥손타이 οὐκ ἀνέξονται)[견디지 못하며] **귀가 가려워서 자기의 사욕을 좇을 스승[들]을 많이 두고 또 그 귀를 진리에서 돌이켜 허탄한 이야기**(투스 뮈두스 τοὺς μύθους)[신화들](NASB, NIV)**를 좇으리라**[좇을 것임이니라].

목사는 "때를 얻든지 못 얻든지…전파하라"(딤후 4:2) 하신 명령을 붙들고, 어려운 시대를 예견하며 날마다 말씀 선포에 힘써야 합니다.

성경은 말세에 다음과 같은 징조가 나타날 것이라 경고합니다(딤후 4:3-4):

1. 바른 교훈을 받지 아니함

"바른 교훈을 받지 아니하며"(딤후 4:3) 사람들은 역사적 기독교 신앙, 곧 모세와 선지자들·사도들의 교훈과 성경에 계시된 교리와 삶의 지침을 외면합니다.

2. 귀가 가려워 사욕을 좇는 스승을 많이 둠

"자기 사욕을 좇아 귀가 가려운 대로" 사람들의 욕망을 자극하는 스승들에게 귀를 기울이며, 세상적·육신적 쾌락을 충족해 주는 교훈을 찾습니다(딤후 4:3).

3. 진리에서 돌아서 허탄한 이야기들을 좇음

"진리에서 돌이켜 허탄한 이야기들을 좇으리라"(딤후 4:4)고 하셨듯, 사람들은 복음의 진리 대신 신화(無根據의 설화)와 헛된 예화에 마음을 빼앗깁니다.

이런 때일수록 목사는 "진리의 말씀을 재촉하여 전파"하고(딤후 4:2), 어떠한 불경건한 변론이나 허망한 이야기에 물들지 않도록 교인들을 굳건히 세워야 합니다.

[5절] 그러나 너는 모든 일에 근신하여 고난을 받으며[견디며] 전도인의 일을 하며 네 직무를 다하라.

어려운 말세에도 목사가 반드시 지켜야 할 네 가지 명령을 정리하면 다음과 같습니다.

1. 모든 일에 근신하라

"너는 모든 일에 근신하라"(디모데후서 4:5) 하신 것처럼, 목사는 세속의 유혹과 시대의 잘못된 풍조에 물들지 않도록 매사에 깨어 조심해야 합니다.

2. 고난을 견디라

"고난을 받으라"(딤후 4:5)는 명령은, 복음을 전하는 길이 언제나 평탄치 않음을 인정하고, 주님을 위해 핍박과 심지어 죽음까지도 기꺼이 감내할 각오를 갖추어야 함을 뜻합니다.

3. 전도인의 일을 하라

"전도인의 일을 하라"(딤후 4:5)는 말씀대로, 목사는 예수 그리스도의 대속 복음(딤전 1:15)을 우선으로 선포하며, 듣는 이로 하여금 "예수께서 하나님의 아들 그리스도이심을 믿게 하려 함이요 또…생명을 얻게 하려 함"(요 20:31)을 기억해야 합니다.

4. 네 직무를 다하라

"네 직무를 다하라"(딤후 4:5)는 것은 설교와 교훈·책망·경계·권면을 포함한 모든 목회사역에서, 사람의 기호에 맞추거나 진리를 절충하지 않고 "가감치 말고"(신명기 4:2) 온전한 하나님의 말씀만을 가감 없이 전달할 것을 요구합니다.

본문의 교훈을 정리해 보면,

첫째로, 주 예수 그리스도께서 장차 재림하실 때에는 "모든 사람이 나타나 그의 심판대 앞에 서리라"(히 9:27) 하셨듯이, 산 자와 죽은 자를 불문하고 심판하실 것입니다. 이를 믿는 자들은 "주께서 어려움과 환난과 곧 오실 영광을 위하여" 자신을 거룩히 지키며 "의와 경건과 믿음과 사랑과 인내와 온유"(딤후 2:12-13)로 충실히 살아야 합니다.

둘째로, 설교자에게는 "말을 전파하며 때를 얻든지 못 얻든지 항상 힘쓰"라는 명령이 있습니다(딤후 4:2). 이는 복음의 핵심인 그리스도 예수의 구원 소식(딤전 1:15)뿐 아니라, "교훈과 책망과 경계와 권면"(딤후 4:2)을 포함한 하나님의 모든 뜻을, 청중의 반응에 개의치 않고 가감 없이 선포하고 가르치는 일입니다.

셋째로, "말세에 어려운 때가" 도래하여 사람들은 "진리를 받지 아니하며" 귀가 가려워 "허탄한 이야기를 좇을 것"(딤후 4:3-4)이 예고되어 있습니다. 오늘날 배도와 과도한 타협, 은사주의의 혼돈이 만연한 시대에, 교인들은 돈과 쾌락에 마음을 빼앗기지 않고 오직 "경건의 교훈"(디도 1:1)에 마음을 두어야 합니다.

넷째로, 이러한 시대에도 참된 목사들은 "모든 일에 근신하고 고난을 받으며 전도인의 일을 하"고 "네 직무를 다"해야 합니다(딤후 4:5). 교회는 그들이 이 길을 묵묵히 걸어갈 수 있도록 기도로 지원하고, 성도들은 그들의 선포하는 말씀을 듣고 믿음과 삶으로 충실히 순종함으로써 함께 주님의 뜻을 이루어 가야 할 것입니다.

6-8절, 사명의 길

[6절] 관제(灌祭, drink offering)[전제 奠祭; 붓는 제사]와 같이 벌써 내가 부음이 되고 나의 떠날 기약이 가까웠도다.

디모데 후서는 사도 바울이 로마 옥에서 순교를 앞두고 남긴 마지막 유언적 서신입니다. 그는 "나는 이미 부음이 되고"(딤후 4:6)라는 전제(灌祭)의 비유로 자신의 목숨이 복음을 위하여 흘려지는 포도주처럼 부어지고 있음을 고백합니다. 여기서 '떠날 기약'은 세상을 떠나 하나님 곁으로 올

라가는 죽음을 가리킵니다. 바울은 이와 같은 순교의 죽음이 그가 전파했던 복음 진리를 확증하는 증거가 될 것을 확신했습니다.

또한 그는 죽은 성도들의 영혼이 천국에서 임시로 거하다가 주 예수 그리스도께서 재림하실 때에 부활하여 영광스러운 부활 몸을 입고 영생에 들어갈 것을 소망했습니다. 이로써 디모데 후서는 죽음 앞에서도 복음에 대한 확고한 신뢰와 부활·영생의 소망을 청년 교사 디모데에게 전하며, 전도자는 진리를 위해 살다가 진리를 위해 죽기까지 각오해야 함을 강조하는 유언의 메시지입니다.

[7절] 내가 선한 싸움을 싸우고[싸웠고] 나의 달려갈 길을 마치고[마쳤고] 믿음을 지켰으니.

사도 바울은 자신의 사명 여정을 한마디로 요약하며 고백했습니다. "나는 선한 싸움을 싸웠고, 나의 달려갈 길을 마쳤으며, 믿음을 지켰다"(딤후 4:7).

첫째, "나는 선한 싸움을 싸웠다"고 그는 말했습니다. 성도의 삶은 몸의 죄성과 세상의 악한 풍조, 그리고 그 배후의 사탄에 대항하는 영적 전쟁입니다. 갈라디아서가 경고하듯 "육체의 일은 현저하니… 원수를 맺는 것과 분쟁과 시기와 분냄… 그와 같은 일들을 하는 자들은 하나님의 나라를 유업으로 받지 못할 것"(갈 5:19-21)입니다. 그러나 바울이 디모데에게 명했듯 "믿음의 선한 싸움을 싸우라"(딤전 6:12), "전에 네게 주었던 예언들을 따라… 그것들로 선한 싸움을 싸우며 믿음과 착한 양심을 지키라"(딤전 1:18-19). 에베소서가 강조하듯, 우리 "씨름은 혈과 육을 상대함이 아니요… 하늘에 있는 악의 영들을 상대함이라"(엡 6:12). 선한 싸움은 피할 수 없는 성도의 몫이기에, 끝까지 경주해야 합니다.

둘째, "나는 나의 달려갈 길을 마쳤다"고 그는 선언합니다. 바울의 '달려갈 길'은 복음 증거의 사명 그 자체였습니다. 그는 "나의 달려갈 길과 주 예수께 받은 사명 곧… 복음 증거하는 일을 마치려 함에는 나의 생명을 조금도 귀한 것으로 여기지 아니하노라"(행 20:24)고 고백하였습니다. 주 예수께서 "나를 따르려거든… 날마다 제 십자가를 지고 나를 좇을 것이니라"(눅 9:23)고 명하신 것처럼, 사명자는 삶의 모든 것을 내려놓고 끝까지 목표를 향해 달려야 합니다.

셋째, "나는 믿음을 지켰다"고 그는 확언했습니다. 예수 그리스도를 향한 믿음은 구원의 보화요, 영원한 생명의 열쇠입니다. 그러나 이단과 세상 풍조가 "믿음에 관하여 파선"케 하는 때가 많습니다(딤전 1:19). "이 기간에는 인내와 믿음을 가진 자들이 구원을 얻으리라"(계 13:10), "승리하는 자들은 이 모든 일에도 굳건히 서리라"(계 14:12). 바울은 자신의 고난과 감옥살이 속에서도 이 지고지순한 믿음을 끝까지 지켰습니다.

이처럼, 모든 성도와 복음 사역자는

1. **선한 싸움을** 끝까지 싸우고,
2. **달려갈 길을** 완수하며,
3. **믿음을** 굳게 지켜야 할 것이다.

이는 날로 어려워지는 말세에도 흔들리지 않는, 참된 제자의 표징입니다.

[8절] 이제 후로는 나를 위하여 의의 면류관이 예비되었으므로 주 곧 의로우신 재판

장이[재판장께서] 그 날에 내게 주실 것이니 내게만 아니라 주의 나타나심을 사모하는 모든 자에게니라.

사도 바울은 생의 마지막에 "의의 면류관이 주께서 의로우신 그날에 나에게 예비하셨으니"(딤후 4:8)라고 고백하였습니다. 이 면류관은 단순한 상급이 아니라, 재림하신 주 예수 그리스도께서 최후의 심판 때 의롭다 선언하실 성도들의 온전한 의를 상징합니다.

첫째, 우리는 이미 예수 그리스도를 믿음으로 "값없이 의롭다 하심을 얻은 자"가 되었습니다(롬 3:24). 그러나 "장차 우리가 받을 의"는 율법의 행위가 아닌 그리스도에 대한 신앙으로 이루어지는 의이며(롬 3:21-22; 빌 3:9), "율법의 마침이 되신" 예수님을 믿는 모든 이에게 이루어집니다(롬 10:4). 그런 의미에서 의의 면류관은 우리의 칭의가 심판대 앞에서도 확증된 결과입니다.

둘째, 이 면류관은 바울만이 아니라 "주 예수 그리스도의 나타나심을 사모하는 모든 성도"에게 예비되어 있습니다. 예수님의 재림과 부활, 천국을 간절히 소망하는 마음—곧 믿음과 소망과 사랑—이 없이는 성도가 될 수 없습니다(고전 13:13). 주님께서 마지막 날 심판하실 때, 모든 믿는 자에게 이 '의의 면류관'이 수여될 것입니다.

셋째, 성경은 이 면류관 외에도 여러 상급을 예고합니다. "생명의 면류관"(약 1:12; 계 2:10)은 환난 중에도 신실히 견디는 자에게 주어질 영생의 약속이며, "영광의 면류관"(벧전 5:4)은 주 앞에서 목숨을 아끼지 않고 목회 사명에 충실한 자에게 주실 영광스러운 부르심입니다. 마침내 "모든 믿는 자"는 재림하신 주님과 함께 살아 영광 가운데 통치하는 특권을 누리게 될 것입니다.

본문의 교훈을 정리해 보면,

사도 바울은 생애 마지막 고백으로 우리에게 세 가지를 권면합니다.

첫째, 우리는 주 예수 그리스도의 재림을 간절히 사모해야 합니다. "이것들을 증거하신 이가 가라사대 내가 진실로 속히 오리라 하시거늘 아멘, 주 예수여, 오시옵소서"라는 요한계시록의 말씀처럼(계 22:20), 그분의 다시 오심을 고대하며 깨어 있어야 합니다.

둘째, 우리에게 맡겨진 사명의 길을 성실히 걸어야 합니다. 사도 바울은 "선한 싸움을 싸우고"(딤후 4:7a) "달려갈 길을 마치고"(딤후 4:7b) "믿음을 지켰다"(딤후 4:7c)고 고백하였습니다. 우리도 육신의 죄성과 세상의 유혹, 사탄의 시험과 날마다 싸우며, 각자 하나님께 받은 부르심을 끝까지 충실히 완수하고, 변함없는 믿음을 지켜야 합니다.

셋째, 우리는 의의 면류관을 소망해야 합니다. "의의 면류관이 주께서 의로우신 그날에 나에게 예비하셨으니"(딤후 4:8) 이 상급은 율법 행위가 아닌 그리스도에 대한 믿음으로 얻는 의가 마지막 날 심판 앞에서 확증된 결과입니다. 이미 "그리스도 예수 안에 있는 구속으로 값없이 의롭다 하심을 얻은 자"(롬 3:24)인 우리는, 끝까지 믿음과 순종으로 삶을 견고히 하여 그 면류관을 받아 누리게 될 것입니다.

9-22절, 복음 사역의 어려움들

[9-10절] 너는 어서 속히 내게로 오라. [이는] 데마는 이 세상을 사랑하여 나를 버리고 데살로니가로 갔고 그레스게는 갈라디아로, 디도는 달마디아로 갔고[갔음이며].

사도 바울은 디모데에게 "속히 내게로 오라"(딤후 4:9)고 간청합니다. 그가 로마 옥중에 갇혀 있을 때, 함께 복음 사역을 감당할 동역자가 부족했기 때문입니다.

"데마는 이 세상을 사랑하여 나를 버리고 데살로니가로 갔고"(딤후 4:10),

"크레센도 갈라디아로, 디도는 달마디아로 갔으며"(딤후 4:10),

"룩고와 마가, 아리스다고도 나를 버리고"(딤후 4:11)

이름 높은 동역자들이 흩어져 버린 상황 속에서, 바울은 남아 있는 디모데의 속히 방문을 간절히 바랐습니다.

이처럼 복음 사역은 혼자 감당하기 어려운 일이며, 하나님의 일에는 든든히 함께 싸워 줄 충성된 동역자가 절실히 필요함을 보여 줍니다.

[11절] 누가만 나와 함께 있느니라. 네가 올 때에 마가를 데리고 오라. 저가 나의 일에 유익하니라. 두기고는 에베소로 보내었노라.

누가는 사역자이자 의사로서 롬바다 바울과 동행하며(골 4:14) 옥중에서도 그를 돌보았습니다. 디모데와 함께 로마에 남은 이는 오직 누가뿐이었고(딤후 4:11), 이것이 "누가만이 나와 함께 있느니라"는 표현의 의미였습니다.

한때 바울과 바나바의 전도여행에서 밤빌리아 버가까지 동행했다가 돌아간 마가는(행 15:38-39) 과거에는 신뢰할 수 없는 사역자였으나, 이제는 "마가가 내 일에 유익하므로 데려오라"(딤후 4:11) 하실 만큼 성장했습니다.

사도 바울이 "속히 와서"(딤후 4:9) 구했던 것은, 많은 군중 속에선 드물지만 진정 충성된 일꾼—디모데, 누가, 그리고 회복된 마가 같은—이 있어야만 복음 전파와 목회 사역이 온전히 이루어질 수 있음을 깨닫고 있었기 때문입니다.

[13절] 네가 올 때에 내가 드로아 가보의 집에[가보와 함께](KJV, NASB, NIV) 둔

겉옷을 가지고 오고 또 책은 특별히 가죽 종이에 쓴 것을 가져오라.

사도 바울은 동역자의 부족뿐 아니라, 자신이 로마 옥중에 갇힌 채로 겪는 육체적 고난도 큰 어려움으로 여겼습니다. 그는 "속히 와서 나와 함께하라"(딤후 4:9)고 디모데를 재촉하는 한편, "겨울이 가까우니"(딤후 4:21) 옥에서 떨며 지낼 자신의 겉옷을 가져오기를 부탁했습니다. 또한 그는 "가죽 종이에 쓴 책들"(딤후 4:13), 곧 여러 권의 성경 두루마리를 요청함으로, 배고픔과 추위 속에서도 하나님의 말씀을 읽고 묵상하는 일만은 멈추지 않았습니다. 이처럼 바울은 최소한의 편의조차 보장되지 않는 환경에서도 주의 일에 전념하며 성경연구를 쉬지 않았습니다. 오늘날 우리가 평안과 여유를 누릴 때야말로, 이러한 바울의 열정을 본받아 더욱 힘써 하나님의 일과 성경 읽기에 매진해야 할 것입니다.

[14-15절] 구리장색 알렉산더가 내게 해를 많이 보였으매 주께서 그 행한 대로 저에게 갚으시리니, 너도 저를 주의하라. 저가 우리 말을 심히 대적하였느니라.

구리장색 알렉산더는 한때 교인이었으나, 사도 바울에게 '악한 일을 많이' 행하며 그의 말씀을 '심히 대적'한 자였습니다. 바울은 그를 가리켜 "알렉산더가 내게 해를 많이 보였으매 주께서 그 행한 대로 저에게 갚으시리라"(딤후 4:14)고 기록하였으며, "후메내오와 빌레도 같이 알렉산더도 믿음을 배반하였느니라"(딤전 1:20)고 경고합니다. 바울은 디모데에게도 "너도 저를 주의하라"(딤후 4:15)고 당부함으로, 복음 사역 중에 마주치는 대적자를 피하고 하나님의 심판에 맡기도록 가르칩니다.

[16절] 내가 처음 변명할 때에 나와 함께한 자가 하나도 없고 다 나를 버렸으나 저희

에게 허물을 돌리지 않기를 원하노라.

복음 사역은 때로 대적자들과 싸우는 것만큼이나 외로이 홀로 감당해야 할 때가 많습니다. 사도 바울도 "첫 변론할 때 내 편에 설 자가 없었지만"(딤후 4:16) 끝까지 사명을 마쳤고, 노아와 엘리야와 다니엘 또한 세상과 대립하며 홀로 하나님께 충성하였습니다. 그럼에도 바울은 자신을 버렸던 무지한 자들을 원망하지 않고, 주 예수님께서 십자가 위에서 "아버지여, 저희를 사하여 주옵소서. 자기의 하는 것을 알지 못함이니이다"(눅 23:34)라 기도하신 긍휼과 사랑을 본받아 그들을 품었습니다. 복음 사역자는 이 외로운 싸움의 길 위에서도 주님의 긍휼을 닮아, 대적자에게조차 용서와 사랑을 베푸는 자가 되어야 합니다.

[17절] [그러나] 주께서 내 곁에 서서 나를 강건케 하심은 나로 말미암아 전도의 말씀이 온전히 전파되어 [모든] 이방인으로 듣게 하려 하심이니 내가 사자의 입에서 건지웠느니라.

바울은 복음 사역을 위해 홀로 싸워야 했습니다. "첫 변론할 때 내 편에 설 자가 없었으나"(딤후 4:16) 모든 사람이 그를 버렸지만, 주께서는 그와 함께하시며 그를 강건케 하셨습니다. 이는 "사자의 입에서"(딤후 4:17) 구원하신 하나님의 능력이셨습니다. 주께서 바울에게 힘을 주신 것은 그의 입술을 통해 복음이 온전히 전파되어 "모든 이방인에게 듣게 하려 하심"이었고(롬 1:16), 오늘날 목사들도 주께서 함께하신다는 확신 안에서 복음의 말씀을 담대히 선포함으로 택하신 백성들이 구원을 얻게 됩니다.

[18절] 주께서 나를 모든 악한 일에서 건져내시고 또 그의 천국에 들어가도록 구원

하시리니 그에게 영광이 세세 무궁토록 있을지어다. 아멘.

"구원하신다"(소조 σώζω)는 단지 '구원한다'뿐 아니라 '지킨다'는 뜻도 지니며, KJV가 'deliver'라 번역한 바와 같이 주께서는 바울을 모든 악에서 건져내실 뿐 아니라 천국에 들어가기까지 안전히 보존하실 것입니다(딤후 4:18). 이 약속은 바울에게만 해당하지 않고 주를 신실히 따르는 모든 종과 성도들에게도 동일하게 적용되므로, 우리는 오직 주님만 의지하며 그분 앞에 신실하기만 하면 됩니다. 신약에서 '주'는 대부분 주 예수 그리스도를 가리키는데, 그분께서 바울을 강건케 하시고 끝까지 지키시며 "그에게 영광을 세세 무궁토록" 돌리신다는 사실은 예수 그리스도께서 참 하나님이심을 증거합니다.

[19-22절] 브리스가와 아굴라와 및 오네시보로의 집[가족]에 문안하라. 에라스도는 고린도에 머물렀고 드로비모는 병듦으로 밀레도에 두었노니 겨울 전에 너는 어서 오라. 으불로와 부데와 리노와 글라우디아와 모든 형제가 다 네게 문안하느니라. 나는 주께서 네 심령에 함께 계시기를 바라노니 은혜가 너희와 함께 있을지어다. [아멘.]

브리스길라와 아굴라는 로마 교회에서 함께 사역하며 바울을 위해 자신의 목숨까지 내놓은 귀한 동역자였으며(롬 16:3-4), 오네시보로의 가족은 로마 옥중에 갇힌 바울에게 큰 위로와 공급을 베풀어 주었다(딤후 1:16-18). 바울은 또한 에라스토와 드로비모, 으불로, 부데, 리노, 글라우디아를 비롯한 여러 형제들을 언급하며 이들이 교회에서 모범적으로 봉사한 것을 기뻐하였다. 특히 드로비모는 병든 채로 밀레도에 두었는데(트로피몬 데 아펠리폰 엔 밀레토 아스데눈타 Τρόφιμον δὲ ἀπέλιπον ἐν Μιλήτῳ ἀσθενοῦντα, 딤후 4:20), 이는 사도시대 말기에 기적의 은사가 점차 거두어졌음을 보여주는 사례로 볼 수 있다. 기적들은 초대교회를 세우기 위해 하나님의 특별 계시를 확증하는 도구였으나 그 목적이 성취되면 하나님 뜻대로 사라진다. 이로써 우리는 하나님께서 때가 이르면 놀라운 능력을 거두시되, 그분의 일하심은 언제나 신실하시다는 진리를 배운다.

본문의 교훈을 정리해 보면,

첫째로, 복음 사역에는 수많은 어려움이 따랐습니다. 데마는 세상 사랑으로 바울을 떠났고(딤후 4:10), 구리장색 알렉산더는 그의 대적자가 되었으며(딤후 4:14), 동역자는 언제나 부족했고(딤후 4:9-11), 로마의 옥중은 추위와 궁핍을 동반했습니다(딤후 4:13, 16). 이처럼 우리도 신앙의 여정에서 외로움과 시험, 물질적 부족, 때로는 진정한 교제를 나눌 대상을 잃는 고난을 겪습니다.

둘째로, 그러나 하나님은 비록 사람이 바울을 버려도 그를 결코 버리지 않으셨습니다. 디모데는 '주의하라'는 바울의 부탁을 받들었고(딤후 4:9, 21), 옥중의 친구 오네시보로는 부끄러워하지 않고 바울 곁을 지켰으며(딤후 1:16-18), 의사 누가와 마가 같은 동역자들을 허락하셨습니다(딤후 4:11, 14). 이처럼 하나님은 우리를 위로하시고 도우시며, 끝까지 우리 곁을 지키십니다.

셋째로, 바울은 그 어려운 환경 속에서도 낙망하지 않고 "책은 특별히 가죽 종이에 쓴 것을 가져오라"(딤후 4:13)고 요청하며, 늘 성경을 읽고 묵상하고 복음을 전하는 일에 힘썼습니다. 우리도 어떤 환난 중에도 하나님만 의지하며, 부지런히 성경을 읽고 기도하며 맡은 사명을 충실히 감당해야 하겠습니다.

제5장

요약 및 묵상 가이드

1. 핵심 구절 5개 선정·해설

1) "네가 진리의 말씀을 바르게 분별하라"(2:15)
- 핵심 의미: 오르도토메오 ὀρθοτομέω: 말씀을 정확히 다루는 자에게 주어지는 칭찬과 책임을 강조합니다.

2) "네가 들은 것을 … 신실한 자에게 부탁하라"(2:2)
- 핵심 의미: 제자의 제자를 세우는 전수의 원리를 보여 줍니다.

3) "모든 성경은 하나님의 감동으로 된 것으로…"(3:16)
- 핵심 의미: 성경의 권위와 무오성을 확고히 하여 진리 수호의 기초를 다집니다.

4) "말씀을 전부 힘쓰라 때를 얻든지 못 얻든지…"(4:2)
- 핵심 의미: 설교자의 절대적 사명—어떤 상황에서도 복음을 전할 것을 권면합니다.

5) "나는 선한 싸움을 싸우고 나의 달려갈 길을 마치고…"(4:7)
- 핵심 의미: 바울의 인생 유언—충성된 사역자에게 주어지는 최고의 권면입니다.

2. 장별 적용 질문

1) 제1장 "진리 수호 대작전"
- 나는 일상에서 어떤 왜곡된 정보나 가르침에 현혹되고 있나요? 진리를 지키기 위해 어떤 실천을 할 것인지 적어 보세요.

2) 제2장 "굿 워커로 레벨 업"
- 내가 맡은 사역 영역에서 '부끄럼 없는 일꾼'이 되기 위해 필요한 역량과 구체적 계획은 무엇인가요?

3) 제3장 "어려운 시대, 살아남기"
- 험난한 시기에 가장 큰 도전은 무엇인가요? 말씀과 기도 가운데 어떻게 견디고 성장할 수 있을지 적어 보세요.

4) 제4장 "설교자의 미션 임파서블?"
- 내가 전하는 메시지가 사람들의 삶에 실제 변화를 일으키려면 어떤 방식으로 준비하고 전달해야 할지 구체적으로 적어 보세요.

3. 짧은 묵상과 기도문

"주님, 진리가 흔들리는 세상 속에서도 믿음을 굳게 지키게 하시고, 어떤 상황에서도 복음을 담대히 전할 수 있도록 제 마음과 입술을 준비시켜 주소서."

"전능하신 하나님, 당신의 말씀으로 제 영혼을 무장하게 하시고, 사람들의 마음을 변화시키는 통로로 사용하소서. 제가 싸워야 할 싸움을 끝까지 완주하며 'Generation Impact'를 만드는 사명자로 쓰임받게 하옵소서. 예수님 이름으로 기도드립니다. 아멘."

Part III

디모데 적용 워크북

Part Ⅲ 워크북은 디모데 전·후서의 정신을 단순한 지식으로 머물게 하지 않고, 실천과 적용, 자기 점검, 공동체적 성장을 통해 '내 삶 속의 디모데'로 살아가게 하는 실질적 체험 도구입니다. 이를 통해 독자는 바울이 디모데에게 전한 믿음, 순종, 사명, 자기 관리, 멘토링의 정신을 직접 경험하고, 그 정신이 자신의 신앙과 삶에 뿌리내리게 됩니다.

디모데 적용 워크북의 각 장의 주요 내용은 다음과 같습니다.

제1장 내 안의 디모데 찾기: 영적 프로파일 워크시트
제2장 '디모데 메시지' 멘토링 체크리스트
제3장 7일 디지털 디톡스 & 영적 리프레시 플랜
제4장 나만의 비전 보드 템플릿

내 안의 디모데 찾기: 영적 프로파일 워크시트

1. 은사·소명·성격 사다리 작성법
- **은사 사다리:** 하나님께서 나에게 주신 은사(말씀, 섬김, 가르침, 권면, 나눔 등)를 찾아보고, 우선순위를 매겨 보세요.

예시: 내가 잘하는 것, 교회에서 맡은 봉사, 남들이 칭찬해 주는 점

- **소명 사다리:** 내가 하나님 앞에서 가장 중요하게 여기는 삶의 목적과 부르심을 적어 보세요.

예시: 복음 전하기, 가정 돌보기, 사회에 선한 영향 주기

- **성격 사다리:** 내 성격의 강점과 약점, 그리고 개선하고 싶은 부분을 적어 보세요.

예시: 긍정적, 섬김 좋아함, 결단이 약함

2. "나는 누구인가" 자가 진단표
- 아래 질문에 답해 보세요.

내가 가장 힘들었던 순간과 그때 하나님께서 어떻게 도우셨는가?

내가 하나님께 가장 감사한 점은 무엇인가?

내가 바라는 5년 후의 나의 모습은?

내 삶에서 가장 중요한 가치는 무엇인가?

3. 스스로에게 묻는 7가지 질문

- 아래 질문에 솔직하게 답해 보세요.

내가 하나님을 가장 가까이 느낀 순간은 언제인가?

내가 가장 두려워하는 것은 무엇인가?

내가 다른 사람에게 베풀 수 있는 선물은 무엇인가?

내가 하나님께 기도하고 싶은 주제는 무엇인가?

내가 사랑받고 있다고 느낄 때는 언제인가?

내가 변화하고 싶은 습관이나 태도는 무엇인가?

내가 디모데처럼 살아가기 위해 실천할 수 있는 첫걸음은 무엇인가?

미션: 워크시트 완성 후 스스로 5분 스피치로 정리해 보기

'디모데 메시지' 멘토링 체크리스트

1. 멘토링 5단계 프로세스
1) **관계 형성:** 멘토와 멘티가 신뢰를 쌓는 시간
2) **목표 설정:** 함께 나아갈 방향과 목표 설정
3) **말씀 나눔:** 성경 말씀을 함께 읽고 묵상하며 적용
4) **실천 점검:** 실천한 내용을 돌아보고 피드백
5) **기도 동행:** 서로를 위해 기도하며 격려

2. 멘토-멘티 주간 대화 템플릿
- 이번 주에 읽은 말씀:
- 이번 주에 적용한 점:
- 이번 주에 고민한 점:
- 다음 주에 실천할 **목표:**
- 서로를 위한 기도 제목:

3. 갈등·의문 상황 대응 플로우차트
1단계: 감정을 솔직하게 표현하기
2단계: 상대방의 입장을 듣기
3단계: 말씀으로 돌아가기

4단계: 함께 기도하기

5단계: 화해와 용서의 결단

실습: 실제 멘토 한 분과 첫 주차 대화 계획 세우기

디모데 메시지 멘토링 체크리스트 최적 활용 전략

- **명확한 목표와 역할 설정**

멘토와 멘티 모두 체크리스트의 목적(예: 신앙 성장, 리더십 개발, 삶의 적용 등)을 분명히 이해하고, 각자의 역할과 책임을 구체적으로 정합니다.

예시: "주간 대화 템플릿을 통해 말씀 적용 점검, 실천 목표 설정, 기도 동행" 등 구체적 항목에 맞춰 진행.

- **관계 형성과 신뢰 구축**

멘토링의 시작 단계에서 서로의 신뢰를 쌓는 시간을 충분히 가집니다. 이 단계에서 멘토는 멘티의 삶과 고민을 진심으로 듣고 공감합니다.

예시: "관계 형성" 단계에서 개인적 경험, 신앙 여정, 고민 등을 나누는 대화를 우선합니다.

- **말씀 중심의 주간 대화**

주간 대화 템플릿을 활용해, 매주 읽은 말씀, 적용한 점, 고민한 점, 다음 주 실천 목표, 서로를 위한 기도 제목을 정기적으로 점검합니다.

예시: 매주 1회, 30분~1시간 정도 대화 시간을 정해 체크리스트 항목을

하나씩 살펴봅니다.

- **실천과 피드백의 반복**

멘티가 세운 실천 목표에 대해 멘토가 피드백을 주고, 다음 주에는 그 결과를 함께 점검합니다. 실패했더라도 책망보다는 격려와 구체적 조언을 제공합니다.

예시: "이번 주에 적용한 점"에서 멘티가 실천한 내용을 구체적으로 나누고, 어려웠던 점은 멘토가 함께 해결책을 모색합니다.

- **갈등·의문 상황 대응 플로우차트 활용**

갈등이나 의문이 생겼을 때, 감정 표현 → 상대방 입장 듣기 → 말씀으로 돌아가기 → 함께 기도하기 → 화해와 용서의 결단 순으로 단계별로 해결합니다.

예시: 갈등이 생기면 체크리스트의 플로우차트를 따라 단계별로 대화를 진행합니다.

- **정기적 평가와 목표 수정**

한 달 또는 한 분기마다 멘토링 관계를 평가하고, 필요하다면 목표나 방법을 조정합니다. 멘토와 멘티 모두 성장한 점과 개선할 점을 솔직하게 나눕니다.

예시: "이번 달에 가장 도움이 된 점은 무엇인가요?" "다음 달에는 무엇을 더 실천하고 싶나요?" 등 평가 질문을 던집니다.

- **공동체적 확장**

멘토링이 잘 정착되면, 멘티가 다시 다른 이의 멘토가 되어 체크리스트를 활용하는 방식으로 공동체 내 멘토링 네트워크를 확장합니다.

예시: 멘티가 새로운 멘토링 관계를 형성해, 자신이 배운 것을 다음 세대에 전수합니다.

7일 디지털 디톡스 & 영적 리프레시 플랜

- **일별 목표와 대체 활동 목록**

Day 1: 스크린 타임 체크 - 오늘 스마트폰 사용 시간 기록
Day 2: SNS 사용 줄이기 - 메신저, SNS 사용을 절반으로 줄이기
Day 3: 디지털 기기 없는 식사 - 식사 시간에는 기기 사용 금지
Day 4: 자연 속 산책 - 공원이나 산책로에서 30분 걷기
Day 5: 책 읽기 - 종이책이나 성경 30분 읽기
Day 6: 감사 일기 쓰기 - 오늘 감사한 일 3가지 적기
Day 7: 기도와 묵상 - 조용한 곳에서 20분 기도와 묵상

- **경험 기록 일지(하루 3회 체크)**

아침: 오늘의 목표와 기도
점심: 실천한 내용과 느낀 점
저녁: 감사한 일과 성찰

- **그룹 토의용 가이드 질문**

이번 주 디지털 디톡스에서 가장 힘들었던 점은?
디지털 기기 없이 보낸 시간에서 새롭게 발견한 것은?
앞으로 실천하고 싶은 습관은 무엇인가?

챌린지: 친구 2명과 함께 인증 스탬프 모으기

7일 디지털 디톡스 플랜의 영적 성장 효과

• 내면의 침묵과 기도 시간 확보

디지털 기기(스마트폰, SNS 등) 사용을 줄이면, 하루 중 불필요한 방해와 소음에서 벗어나 내면의 침묵을 경험할 수 있습니다.

이 시간을 기도와 묵상, 성경 읽기에 집중함으로써 하나님과의 교제가 깊어집니다.

• 주의력 집중과 명상력 강화

디지털 디톡스를 통해 끊임없이 들어오는 정보와 알림에서 벗어나면, 주의력이 향상되고 더 깊이 있는 사고가 가능해집니다.

이는 말씀을 깊이 묵상하고 적용하는 데 큰 도움이 됩니다.

• 정신적 스트레스 감소와 평안함 회복

디지털 기기 과사용은 불안과 스트레스를 유발할 수 있습니다.

디지털 디톡스는 마음의 평안을 회복하고, 영적으로 더 건강한 상태를 만들어 줍니다.

• 신체적 건강 증진 및 삶의 질 개선

스마트폰 사용을 줄이면 수면의 질이 좋아지고, 신체적으로도 더 건강해질 수 있습니다.

건강한 몸은 영적 성장의 기초가 됩니다.

- **대면 소통과 공동체 참여 증가**

  디지털 기기에서 벗어나면 가족, 친구, 교회 공동체와의 대면 소통이 늘어나고, 이는 영적 유대감을 강화합니다.

  공동체와의 깊은 교제는 신앙생활에 큰 힘이 됩니다.

- **자기 인식과 성장 기회**

  디지털 기기에서 벗어나 자신을 돌아볼 시간이 생기면, 내면의 목소리를 듣고 신앙적 성찰을 할 수 있습니다.

  이는 영적 성숙과 자기 성장으로 이어집니다.

- **창의성과 영적 통찰력 증진**

  디지털 기기에서 벗어나면 창의적인 생각과 새로운 영적 통찰이 생길 수 있습니다.

  이는 신앙생활에 새로운 활력과 영감을 줍니다.

실제 적용 예시
- **디지털 디톡스 기간 동안 매일 일정 시간 기도와 묵상에 집중**
- **스마트폰 사용을 줄이고, 그 시간에 독서, 산책, 가족과의 대화 등 대체 활동 실천**
- **디지털 기기 사용을 줄인 만큼, 교회 모임이나 봉사, 기도 모임 등 영적 활동에 더 적극적으로 참여**

결론

7일 디지털 디톡스 플랜은 단순히 디지털 중독에서 벗어나는 것을 넘어, 영적 성장을 위한 소중한 기회가 됩니다. 하나님과의 교제, 내면의 성찰, 공동체와의 관계, 신체적·정신적 건강까지 모두 회복될 수 있도록 돕는 실질적인 도구입니다.

나만의 비전 보드 템플릿

1. Faith/Career/Growth 섹션별 빈 보드

1) 신앙(Faith)

- **목표 예시**

매일 10분씩 성경 읽기와 기도하기

한 달에 한 번, 교회 봉사나 전도 활동 참여하기

신앙적 성장을 위해 소그룹 모임(성경 공부, 기도 모임)에 꾸준히 참석하기

- **실천 방법**

비전 보드에 "매일 말씀과 기도" 이미지와 문구를 붙이고, 달성한 날마다 체크

봉사나 전도 후 사진이나 간증을 보드에 추가해 동기 부여

2) 진로(Career)

- **목표 예시**

1년 내에 전문 자격증 취득하기

매주 2시간씩 자기계발(전공 공부, 외국어 학습 등)에 투자하기

진로 멘토 찾기 및 네트워킹 활동

- **실천 방법**

자격증 로고, 공부하는 모습 이미지, 멘토와의 만남 사진 등 시각 자료 활용

매주 실천 내역을 비전 보드에 기록 및 점검

3) 성장(Growth)
- **목표 예시**

건강을 위해 주 3회 운동하기

매일 감사 일기 작성하기

디지털 디톡스 실천(스마트폰 사용 시간 줄이기, 독서 시간 늘리기)

- **실천 방법**

운동 계획표, 감사 일기 사진, 독서 목록 등 시각화

목표 달성 시 보드에 스티커 붙이기 등 성취감 부여

2. 목표 설정 작성 가이드라인

- **구체적:** "매일 10분 기도하기"처럼 명확하게
- **측정 가능:** "일주일에 책 1권 읽기"처럼 수치화
- **달성 가능:** 현실적으로 실천 가능한 목표
- **관련성:** 내 삶의 목적과 연결되는 목표
- **기한 설정:** "3개월 내에 실천하기"처럼 마감일 정하기

3. 이미지·문구 추천 키워드

- **신앙:** 믿음, 기도, 사랑, 섬김, 감사

- **진로:** 꿈, 열정, 도전, 성취, 영향력
- **성장:** 변화, 훈련, 자기관리, 관계, 건강

과제: 완성된 비전 보드 사진을 SNS(비공개 해시태그)로 공유하고 서로 피드백 주기

예시: 나만의 비전 보드(템플릿 활용)

영역	목표 예시	실천 방법	비전 보드에 넣을 것
신앙	매일 10분 말씀과 기도	아침 루틴으로 고정, 달력 체크	성경, 기도하는 손, "말씀과 기도" 문구
진로	1년 내 자격증 취득	주 3회 공부, 모의고사 응시	자격증 로고, 책상 사진, "성장" 문구
성장	주 3회 운동, 감사 일기 작성	운동 일정표, 저녁에 일기 작성	운동하는 모습, 일기장, "감사" 문구

결론

나만의 비전 보드는 단순한 꿈의 나열이 아니라, 구체적 목표와 실천 계획을 시각적으로 표현해 동기와 집중력을 높여 주는 도구입니다. 신앙, 진로, 성장 등 다양한 영역에서 명확한 목표를 세우고, 매일 실천하며 점검하면 삶의 변화와 성장을 직접 경험할 수 있습니다.

디모데가
디모데에게

ⓒ 양 디모데 선교사(양철수), 2025

초판 1쇄 발행 2025년 9월 17일

지은이	양 디모데 선교사(양철수)
펴낸이	이기봉
편집	좋은땅 편집팀
펴낸곳	도서출판 좋은땅
주소	서울특별시 마포구 양화로12길 26 지월드빌딩 (서교동 395-7)
전화	02)374-8616~7
팩스	02)374-8614
이메일	gworldbook@naver.com
홈페이지	www.g-world.co.kr

ISBN 979-11-388-4707-0 (03230)

- 가격은 뒤표지에 있습니다.
- 이 책은 저작권법에 의하여 보호를 받는 저작물이므로 무단 전재와 복제를 금합니다.
- 파본은 구입하신 서점에서 교환해 드립니다.